100
FAITS À SAVOIR SUR
L'ÉLECTRONIQUE

ALEX MERCER

1. ÉLECTRICITÉ STATIQUE
2. CIRCUIT VOLTA
3. LOI D'OHM
4. TÉLÉGRAPHE ÉLECTRIQUE
5. TÉLÉPHONE BELL
6. DIODE SEMI-CONDUCTEUR
7. RADIO AM
8. TÉLÉVISION MÉCANIQUE
9. TRANSISTOR
10. CIRCUIT INTÉGRÉ
11. MICROPROCESSEUR INTEL
12. FIBRE OPTIQUE
13. LED
14. GPS
15. ÉCRANS TACTILES
16. PHOTO NUMÉRIQUE
17. TÉLÉPHONE PORTABLE
18. WI-FI
19. CONSOLE ODYSSEY
20. RFID
21. DRONES MILITAIRES
22. OLED
23. IMPRIMANTE 3D
24. BLUETOOTH
25. AR & VR
26. NFC
27. TABLETTE WACOM
28. BATTERIES LITHIUM-ION
29. PANNEAUX SOLAIRES
30. ÉCRAN LCD
31. CARTE À PUCE
32. PC ALTAIR
33. MONTRE NUMÉRIQUE
34. RECONNAISSANCE FACIALE
35. PONG
36. DISQUE COMPACT
37. RÉSEAU 1G
38. FORMAT MP3
39. 3DFX VOODOO
40. ÉCRAN PLASMA
41. GPS MAGELLAN
42. SSD
43. SMARTPHONE IBM
44. MICRO-ONDES
45. GAME BOY
46. AMOLED
47. USB
48. ROBOT ELEKTRO
49. MUSIQUE CSIRAC
50. SPOUTNIK 1

51. APPEL MOBILE
52. PCM
53. PUCES RFID
54. WI-FI 802.11
55. ÉCOUTEURS BLUETOOTH
56. SIMULATEUR VOL VR
57. ÉLECTRONIQUE IMPRIMABLE
58. DISQUES BLU-RAY
59. CAPTEURS MEMS
60. APPEL VIDÉO MOBILE
61. ASSISTANCE PARKING
62. ÉCRANS FLEXIBLES
63. ÉLECTRONIQUE QUANTIQUE
64. NORME HDMI
65. DRONES LOISIR
66. MONTRE PEBBLE
67. ENCEINTES INTELLIGENTES
68. IA EMBARQUÉE
69. IOT COCA-COLA
70. CHARGE SANS FIL
71. CONCEPT IOT
72. RÉSEAUX NEURONES
73. STOCKAGE CLOUD
74. ÉLECTRONIQUE ORGANIQUE
75. POSITIONNEMENT INDOOR
76. SMART CITIES
77. LI-FI
78. ÉCRANS E-INK
79. CARTES BANCAIRES
80. NANOTECHNOLOGIE
81. CAMÉRAS NUMÉRIQUES
82. CAPTEURS EMPREINTES
83. VOSTOK 1
84. QUANTUM DOT
85. ROOMBA
86. FIBRE OPTIQUE
87. TRANSISTOR RADIO
88. ORDINATEURS QUANTIQUES
89. VÉHICULES AUTONOMES
90. WEARABLE TECH
91. ULTRASON MÉDICAL
92. JEUX EN RÉSEAU
93. CRYPTOMONNAIES
94. ÉCRANS TACTILES
95. SUIVI GPS
96. INTERNET SATELLITE
97. CAPTEURS AIR
98. EMPREINTE VOCALE
99. PROTHÈSES ÉLECTRONIQUES
100. IA AUTONOME

PRÉFACE

ADANS UN MONDE OÙ LA TECHNOLOGIE FAÇONNE CHAQUE ASPECT DE NOTRE VIE QUOTIDIENNE, L'ÉLECTRONIQUE SE TIENT AU CARREFOUR DE L'INNOVATION, RELIANT PASSÉ, PRÉSENT ET FUTUR. "100 FAITS À SAVOIR SUR L'ÉLECTRONIQUE" EST UNE CÉLÉBRATION DE CETTE FORCE MOTRICE, UNE EXPLORATION FASCINANTE DES MOMENTS-CLÉS, DES INVENTIONS RÉVOLUTIONNAIRES, ET DES PERSONNALITÉS BRILLANTES QUI ONT PAVÉ LE CHEMIN DE NOTRE ÈRE NUMÉRIQUE.

L'INSPIRATION DERRIÈRE CE LIVRE VIENT D'UNE PASSION PROFONDE POUR COMPRENDRE COMMENT, À PARTIR DE SIMPLES CONCEPTS, L'ÉLECTRONIQUE A ÉVOLUÉ POUR DEVENIR UNE COMPOSANTE ESSENTIELLE DE NOTRE EXISTENCE. L'OBJECTIF PRINCIPAL EST DE PARTAGER CETTE PASSION, EN DÉVOILANT LES MYSTÈRES DE L'ÉLECTRONIQUE D'UNE MANIÈRE ACCESSIBLE ET CAPTIVANTE, ET EN CÉLÉBRANT LES AVANCÉES QUI ONT TRANSFORMÉ NOTRE MONDE. CE LIVRE EST DESTINÉ À ÉDUQUER, INSPIRER ET, ESPÉRONS-LE, ÉVEILLER LA CURIOSITÉ DES LECTEURS SUR CE QUI REND POSSIBLE LA MAGIE DE LA TECHNOLOGIE MODERNE.

LES LECTEURS PEUVENT S'ATTENDRE À UN VOYAGE À TRAVERS LE TEMPS, DEPUIS LES DÉCOUVERTES INITIALES DE L'ÉLECTRICITÉ STATIQUE JUSQU'AUX PROMESSES DE L'INTELLIGENCE ARTIFICIELLE ET DE L'INFORMATIQUE QUANTIQUE. NOUS PLONGERONS DANS L'HISTOIRE DE DISPOSITIFS EMBLÉMATIQUES, NOUS EXPLORERONS LES AVANCÉES TECHNOLOGIQUES CLÉS, ET NOUS PARTAGERONS DES ANECDOTES FASCINANTES SUR LES INGÉNIEURS ET LES SCIENTIFIQUES DONT LES RÊVES ET LES DÉTERMINATIONS ONT FAÇONNÉ LE FUTUR.

LA MÉTHODOLOGIE ADOPTÉE POUR LA CRÉATION DE CE LIVRE REPOSE SUR UNE RECHERCHE APPROFONDIE, COMPRENANT L'EXAMEN DE PUBLICATIONS ACADÉMIQUES, D'ENTRETIENS AVEC DES EXPERTS DANS LE DOMAINE DE L'ÉLECTRONIQUE, ET

L'EXPLORATION DE COLLECTIONS HISTORIQUES. CHAQUE FAIT A ÉTÉ SOIGNEUSEMENT SÉLECTIONNÉ ET VÉRIFIÉ POUR GARANTIR UNE LECTURE À LA FOIS INFORMATIVE ET AGRÉABLE.

JE TIENS À EXPRIMER MA PROFONDE GRATITUDE ENVERS TOUS CEUX QUI ONT CONTRIBUÉ À LA RÉALISATION DE CE LIVRE. MERCI AUX EXPERTS POUR LEUR GÉNÉROSITÉ EN PARTAGEANT LEUR SAVOIR, AUX AMIS ET À LA FAMILLE POUR LEUR SOUTIEN INÉBRANLABLE, ET À L'ÉQUIPE ÉDITORIALE POUR LEUR DÉVOUEMENT ET LEUR PROFESSIONNALISME.

"100 FAITS À SAVOIR SUR L'ÉLECTRONIQUE" EST ÉCRIT DANS UN STYLE DIRECT ET ENGAGEANT, INVITANT LES LECTEURS DE TOUS HORIZONS À DÉCOUVRIR LES MERVEILLES DE L'ÉLECTRONIQUE. QUE VOUS SOYEZ UN PASSIONNÉ DE TECHNOLOGIE, UN ÉTUDIANT EN QUÊTE DE CONNAISSANCES, OU SIMPLEMENT CURIEUX DE DÉCOUVRIR LES FORCES MOTRICES DERRIÈRE NOTRE ÈRE NUMÉRIQUE, CE LIVRE VOUS OUVRE LES PORTES D'UN MONDE FASCINANT.

JE VOUS INVITE DONC, CHERS LECTEURS, À OUVRIR CE LIVRE ET À VOUS LAISSER TRANSPORTER PAR L'HISTOIRE CAPTIVANTE DE L'ÉLECTRONIQUE. ENSEMBLE, EXPLORONS LES INNOVATIONS QUI CONTINUENT DE MODELER NOTRE AVENIR, ET CÉLÉBRONS LA CRÉATIVITÉ ET L'INGÉNIOSITÉ HUMAINES QUI RENDENT TOUT CELA POSSIBLE. BIENVENUE DANS L'AVENTURE ÉLECTRONIQUE !

1

ÉLECTRICITÉ STATIQUE

IMAGINEZ-VOUS EN 600 AVANT J.-C., THALÈS DE MILET, UN PHILOSOPHE GREC, FAIT UNE DÉCOUVERTE ÉTONNANTE SIMPLEMENT EN FROTTANT UN MORCEAU D'AMBRE CONTRE DE LA FOURRURE. IL OBSERVE QUE L'AMBRE ATTIRE DES OBJETS LÉGERS COMME DES PLUMES OU DES MORCEAUX DE PAILLE. CE PHÉNOMÈNE, QU'IL VIENT DE METTRE EN ÉVIDENCE, EST L'UN DES PREMIERS ENREGISTREMENTS DE L'ÉLECTRICITÉ STATIQUE. THALÈS A CONSTATÉ QUE L'ÉLECTRICITÉ STATIQUE POUVAIT ÊTRE PRODUITE PAR FRICTION, UN PRINCIPE QUI RESTE FONDAMENTAL DANS L'ÉTUDE DE L'ÉLECTRICITÉ AUJOURD'HUI. CETTE OBSERVATION A OUVERT LA VOIE À DES MILLÉNAIRES DE DÉCOUVERTES ET D'INNOVATIONS EN ÉLECTRICITÉ ET EN ÉLECTRONIQUE, MARQUANT LE DÉBUT DE NOTRE COMPRÉHENSION DES FORCES INVISIBLES QUI ANIMENT L'UNIVERS.

CIRCUIT VOLTA

EN 1800, ALESSANDRO VOLTA, UN SCIENTIFIQUE ITALIEN, A CHANGÉ LE MONDE AVEC UNE INVENTION REMARQUABLE : LA PILE VOLTAÏQUE, LE PREMIER GÉNÉRATEUR ÉLECTRIQUE. CETTE BATTERIE SIMPLE, FAITE DE DISQUES DE CUIVRE ET DE ZINC EMPILÉS ALTERNATIVEMENT, SÉPARÉS PAR DES MORCEAUX DE CARTON IMBIBÉS D'EAU SALÉE OU DE SAUMURE, A MARQUÉ LA NAISSANCE DU PREMIER CIRCUIT ÉLECTRIQUE. LA PILE VOLTAÏQUE A GÉNÉRÉ UN COURANT ÉLECTRIQUE CONTINU, OUVRANT LA VOIE À L'ÈRE DE L'ÉLECTRICITÉ. CETTE INVENTION A NON SEULEMENT PROUVÉ QUE L'ÉLECTRICITÉ POUVAIT ÊTRE GÉNÉRÉE CHIMIQUEMENT, MAIS ELLE A AUSSI PAVÉ LA ROUTE POUR LE DÉVELOPPEMENT FUTUR DES BATTERIES, ALIMENTANT L'INNOVATION DANS DE NOMBREUX DOMAINES DE LA SCIENCE ET DE LA TECHNOLOGIE.

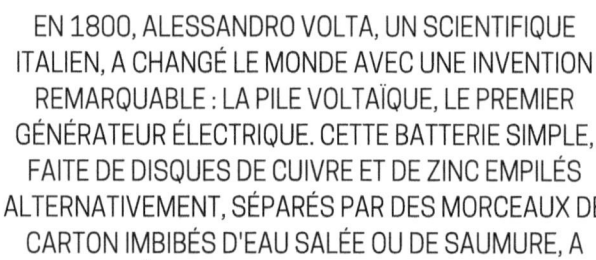
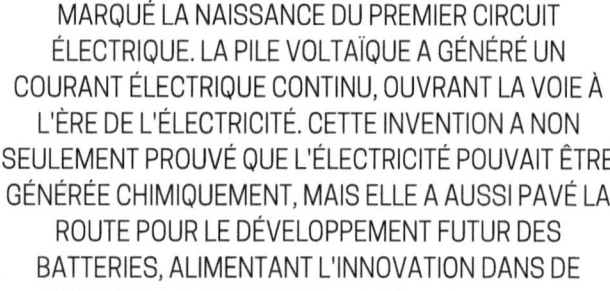

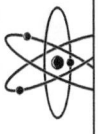

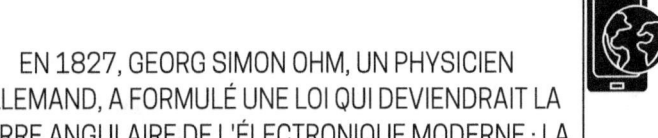

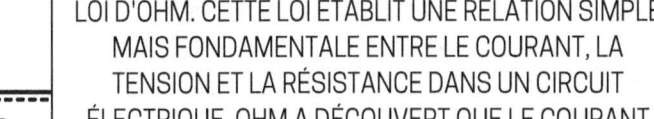

3

LOI D'OHM

EN 1827, GEORG SIMON OHM, UN PHYSICIEN ALLEMAND, A FORMULÉ UNE LOI QUI DEVIENDRAIT LA PIERRE ANGULAIRE DE L'ÉLECTRONIQUE MODERNE : LA LOI D'OHM. CETTE LOI ÉTABLIT UNE RELATION SIMPLE MAIS FONDAMENTALE ENTRE LE COURANT, LA TENSION ET LA RÉSISTANCE DANS UN CIRCUIT ÉLECTRIQUE. OHM A DÉCOUVERT QUE LE COURANT PASSANT À TRAVERS UN CONDUCTEUR ENTRE DEUX POINTS EST DIRECTEMENT PROPORTIONNEL À LA TENSION ENTRE CES DEUX POINTS ET INVERSEMENT PROPORTIONNEL À LA RÉSISTANCE DU CONDUCTEUR. CETTE DÉCOUVERTE A RÉVOLUTIONNÉ NOTRE COMPRÉHENSION DE L'ÉLECTRICITÉ, PERMETTANT AUX INGÉNIEURS ET AUX SCIENTIFIQUES DE CONCEVOIR DES CIRCUITS AVEC PRÉCISION POUR UNE MULTITUDE D'APPLICATIONS, ALLANT DES APPAREILS MÉNAGERS SIMPLES AUX SYSTÈMES ÉLECTRONIQUES COMPLEXES QUI FAÇONNENT NOTRE MONDE MODERNE.

4

TÉLÉGRAPHE ÉLECTRIQUE

EN 1837, SAMUEL MORSE, UN ARTISTE DEVENU INVENTEUR, A RÉVOLUTIONNÉ LA COMMUNICATION À DISTANCE EN INVENTANT LE TÉLÉGRAPHE ÉLECTRIQUE. CE DISPOSITIF SIMPLE, MAIS INGÉNIEUX, PERMETTAIT DE TRANSMETTRE DES INFORMATIONS SUR DE LONGUES DISTANCES PRESQUE INSTANTANÉMENT, EN UTILISANT DES SÉQUENCES DE SIGNAUX ÉLECTRIQUES. MORSE A ÉGALEMENT DÉVELOPPÉ LE CODE MORSE, UN SYSTÈME DE CODAGE DES LETTRES ET DES CHIFFRES EN SÉQUENCES DE POINTS ET DE TRAITS. CETTE INVENTION A MARQUÉ LE DÉBUT DE L'ÈRE DE LA COMMUNICATION ÉLECTRIQUE, TRANSFORMANT RADICALEMENT LES AFFAIRES, LA DIPLOMATIE, ET LE JOURNALISME. LE TÉLÉGRAPHE A ÉTÉ LE PREMIER DISPOSITIF À PERMETTRE UNE COMMUNICATION RAPIDE ENTRE LES CONTINENTS, JETANT LES BASES DES RÉSEAUX DE COMMUNICATION GLOBAUX MODERNES.

5

TÉLÉPHONE BELL

ALEXANDER GRAHAM BELL, UN SCIENTIFIQUE ET INVENTEUR ÉCOSSAIS, A MARQUÉ L'HISTOIRE EN 1876 EN BREVETANT LE PREMIER TÉLÉPHONE PRATIQUE. CETTE INVENTION RÉVOLUTIONNAIRE A PERMIS DE TRANSMETTRE LA VOIX HUMAINE À TRAVERS DES FILS ÉLECTRIQUES, OUVRANT UNE TOUTE NOUVELLE DIMENSION À LA COMMUNICATION À DISTANCE. LE PREMIER APPEL TÉLÉPHONIQUE, RÉALISÉ PAR BELL LUI-MÊME, DISANT À SON ASSISTANT : "MONSIEUR WATSON, VENEZ ICI, JE VEUX VOUS VOIR," A DÉMONTRÉ LA FAISABILITÉ DE PARLER AVEC QUELQU'UN QUI N'EST PAS DANS LA MÊME PIÈCE. LE TÉLÉPHONE A RAPIDEMENT ÉVOLUÉ D'UN GADGET DE LABORATOIRE À UN OUTIL DE COMMUNICATION INDISPENSABLE, CHANGEANT POUR TOUJOURS LA FAÇON DONT LES GENS INTERAGISSENT. L'INVENTION DE BELL A POSÉ LES FONDEMENTS DES SYSTÈMES DE COMMUNICATION MODERNES, RENDANT LE MONDE PLUS CONNECTÉ.

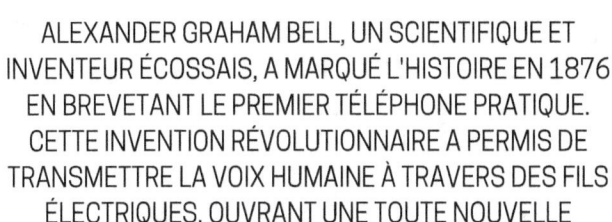
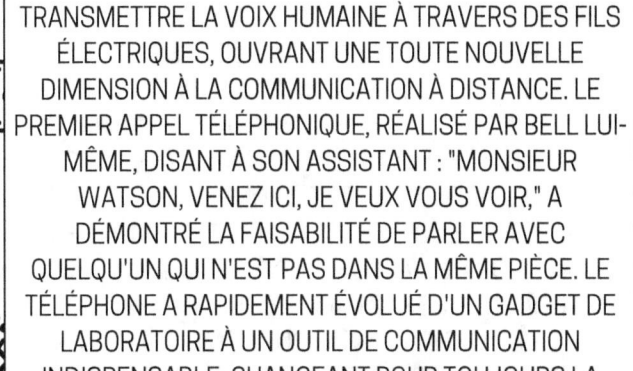

6

DIODE SEMI-CONDUCTEUR

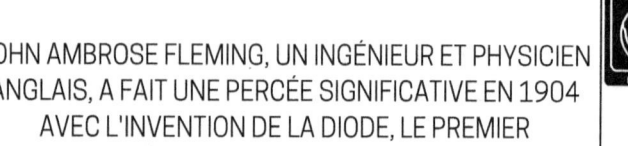

JOHN AMBROSE FLEMING, UN INGÉNIEUR ET PHYSICIEN ANGLAIS, A FAIT UNE PERCÉE SIGNIFICATIVE EN 1904 AVEC L'INVENTION DE LA DIODE, LE PREMIER COMPOSANT ÉLECTRONIQUE SEMI-CONDUCTEUR. LA DIODE, AUSSI CONNUE SOUS LE NOM DE VALVE THERMIONIQUE, PERMETTAIT LE PASSAGE DU COURANT ÉLECTRIQUE DANS UNE SEULE DIRECTION, OFFRANT AINSI LA POSSIBILITÉ DE CONVERTIR LE COURANT ALTERNATIF EN COURANT CONTINU. CETTE INVENTION A EU DES IMPLICATIONS MAJEURES POUR LA TECHNOLOGIE DE L'ÉPOQUE, NOTAMMENT EN AMÉLIORANT LA RÉCEPTION ET LA CLARTÉ DES SIGNAUX DANS LES PREMIERS ÉQUIPEMENTS DE RADIODIFFUSION. L'INTRODUCTION DE LA DIODE A MARQUÉ LE DÉBUT DE L'ÈRE DE L'ÉLECTRONIQUE, CONDUISANT AU DÉVELOPPEMENT DE TECHNOLOGIES PLUS AVANCÉES TELLES QUE LES TRANSISTORS ET LES CIRCUITS INTÉGRÉS, QUI SONT LA BASE DE TOUS LES DISPOSITIFS ÉLECTRONIQUES MODERNES.

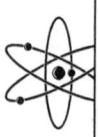

RADIO AM

EN 1906, REGINALD FESSENDEN, UN INVENTEUR CANADIEN, A RÉALISÉ UN EXPLOIT MONUMENTAL DANS LE MONDE DE LA COMMUNICATION EN TRANSMETTANT LA PREMIÈRE ÉMISSION DE RADIO AM (MODULATION D'AMPLITUDE). CONTRAIREMENT AUX TRANSMISSIONS DE TÉLÉGRAPHE SANS FIL DE MARCONI, QUI NE POUVAIENT TRANSMETTRE QUE DES SIGNAUX MORSE, LA MÉTHODE DE FESSENDEN A PERMIS LA TRANSMISSION DE LA VOIX ET DE LA MUSIQUE. LE SOIR DE NOËL 1906, IL A RÉALISÉ LA PREMIÈRE DIFFUSION AUDIO AU MONDE, PARTAGEANT DE LA MUSIQUE ET LA LECTURE DE PASSAGES DE LA BIBLE À DES AUDITEURS ÉBAHIS SUR DES NAVIRES DANS L'ATLANTIQUE NORD. CETTE AVANCÉE A OUVERT LA VOIE À LA RADIO COMMERCIALE, TRANSFORMANT LA DIFFUSION EN UNE FORME DE DIVERTISSEMENT ET D'INFORMATION ESSENTIELLE POUR LE PUBLIC MONDIAL.

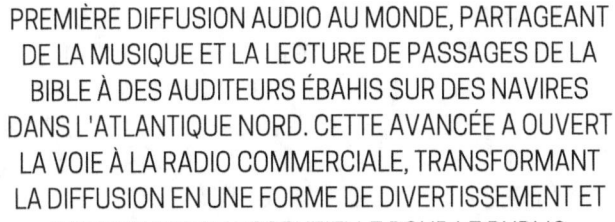

8

TÉLÉVISION MÉCANIQUE

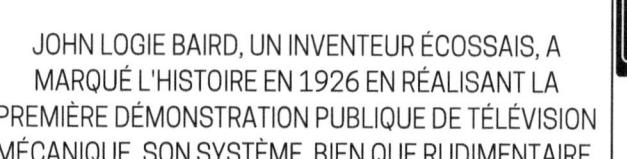

JOHN LOGIE BAIRD, UN INVENTEUR ÉCOSSAIS, A MARQUÉ L'HISTOIRE EN 1926 EN RÉALISANT LA PREMIÈRE DÉMONSTRATION PUBLIQUE DE TÉLÉVISION MÉCANIQUE. SON SYSTÈME, BIEN QUE RUDIMENTAIRE, A UTILISÉ UN DISQUE ROTATIF PERFORÉ POUR SCANNER DES IMAGES EN LIGNES QUI ÉTAIENT ENSUITE TRANSMISES À UN RÉCEPTEUR. BIEN QUE LA QUALITÉ DE L'IMAGE FÛT GROSSIÈRE ET EN NOIR ET BLANC, CETTE DÉMONSTRATION A PROUVÉ QU'IL ÉTAIT POSSIBLE DE TRANSMETTRE DES IMAGES EN MOUVEMENT À DISTANCE. LA TÉLÉVISION MÉCANIQUE DE BAIRD A POSÉ LES PREMIÈRES PIERRES DE L'INDUSTRIE DE LA TÉLÉVISION, CONDUISANT AU DÉVELOPPEMENT DE LA TÉLÉVISION ÉLECTRONIQUE QUI DOMINERAIT LE SIÈCLE SUIVANT. BAIRD A NON SEULEMENT OUVERT LA PORTE À L'ÈRE DE LA COMMUNICATION VISUELLE DE MASSE MAIS A AUSSI INSPIRÉ DES GÉNÉRATIONS D'INNOVATEURS DANS LE DOMAINE DES MÉDIAS ET DU DIVERTISSEMENT.

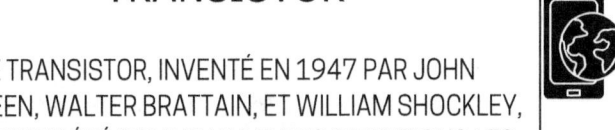

9

TRANSISTOR

LE TRANSISTOR, INVENTÉ EN 1947 PAR JOHN BARDEEN, WALTER BRATTAIN, ET WILLIAM SHOCKLEY, EST CONSIDÉRÉ COMME L'UNE DES INVENTIONS LES PLUS IMPORTANTES DU XXE SIÈCLE. CE DISPOSITIF SEMI-CONDUCTEUR, CAPABLE D'AMPLIFIER ET DE COMMUTER DES SIGNAUX ÉLECTRONIQUES, A RÉVOLUTIONNÉ LE DOMAINE DE L'ÉLECTRONIQUE. AVEC LE TRANSISTOR, IL EST DEVENU POSSIBLE DE CRÉER DES APPAREILS ÉLECTRONIQUES PLUS PETITS, PLUS FIABLES, ET PLUS EFFICACES QUE CEUX BASÉS SUR LES TUBES À VIDE. CETTE INVENTION A OUVERT LA VOIE À L'ÈRE DE L'ÉLECTRONIQUE MODERNE, RENDANT POSSIBLES L'ORDINATEUR PERSONNEL, LE TÉLÉPHONE PORTABLE, ET PRESQUE TOUS LES AUTRES DISPOSITIFS NUMÉRIQUES QUE NOUS UTILISONS AUJOURD'HUI. LE TRANSISTOR A NON SEULEMENT TRANSFORMÉ L'INDUSTRIE ÉLECTRONIQUE MAIS A AUSSI EU UN IMPACT PROFOND SUR LA SOCIÉTÉ, EN FACILITANT L'ÉMERGENCE DE TECHNOLOGIES QUI SOUTIENNENT LA COMMUNICATION MONDIALE, L'INFORMATIQUE, ET L'ACCÈS À L'INFORMATION.

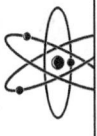

10

CIRCUIT INTÉGRÉ

EN 1958, JACK KILBY DE TEXAS INSTRUMENTS ET, INDÉPENDAMMENT, ROBERT NOYCE DE FAIRCHILD SEMICONDUCTOR, ONT RÉVOLUTIONNÉ L'ÉLECTRONIQUE AVEC LE DÉVELOPPEMENT DU PREMIER CIRCUIT INTÉGRÉ (CI). CE DISPOSITIF INNOVANT COMBINAIT PLUSIEURS COMPOSANTS ÉLECTRONIQUES SUR UN SEUL SUBSTRAT DE SILICIUM, RÉDUISANT CONSIDÉRABLEMENT LA TAILLE ET LE COÛT DES APPAREILS ÉLECTRONIQUES. LES CIRCUITS INTÉGRÉS ONT PERMIS UNE MINIATURISATION MASSIVE, OUVRANT LA VOIE À L'INVENTION DE L'ORDINATEUR PERSONNEL, DES SMARTPHONES, ET DE PRATIQUEMENT TOUS LES DISPOSITIFS ÉLECTRONIQUES MODERNES. LA CONTRIBUTION DE KILBY ET NOYCE A ÉTÉ FONDAMENTALE POUR L'ÈRE DE L'INFORMATION, TRANSFORMANT NON SEULEMENT L'INDUSTRIE ÉLECTRONIQUE MAIS AUSSI LA MANIÈRE DONT NOUS VIVONS, TRAVAILLONS ET COMMUNIQUONS.

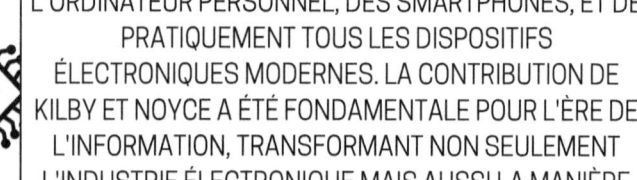

11

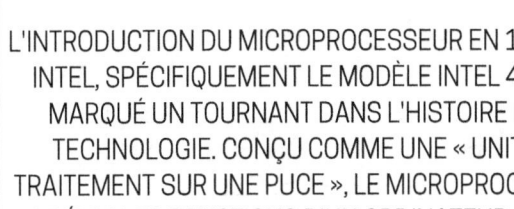

MICROPROCESSEUR INTEL

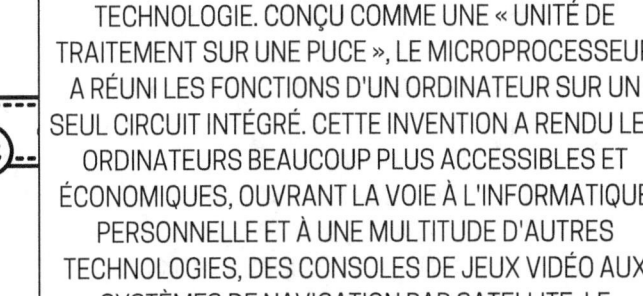

L'INTRODUCTION DU MICROPROCESSEUR EN 1971 PAR INTEL, SPÉCIFIQUEMENT LE MODÈLE INTEL 4004, A MARQUÉ UN TOURNANT DANS L'HISTOIRE DE LA TECHNOLOGIE. CONÇU COMME UNE « UNITÉ DE TRAITEMENT SUR UNE PUCE », LE MICROPROCESSEUR A RÉUNI LES FONCTIONS D'UN ORDINATEUR SUR UN SEUL CIRCUIT INTÉGRÉ. CETTE INVENTION A RENDU LES ORDINATEURS BEAUCOUP PLUS ACCESSIBLES ET ÉCONOMIQUES, OUVRANT LA VOIE À L'INFORMATIQUE PERSONNELLE ET À UNE MULTITUDE D'AUTRES TECHNOLOGIES, DES CONSOLES DE JEUX VIDÉO AUX SYSTÈMES DE NAVIGATION PAR SATELLITE. LE MICROPROCESSEUR A NON SEULEMENT DÉMOCRATISÉ L'ACCÈS À LA TECHNOLOGIE INFORMATIQUE MAIS A ÉGALEMENT POSÉ LES BASES DE L'INNOVATION CONTINUE DANS LE DOMAINE NUMÉRIQUE, INFLUENÇANT PROFONDÉMENT LA SOCIÉTÉ MODERNE.

12

FIBRE OPTIQUE

CHARLES K. KAO A RÉVOLUTIONNÉ LES TÉLÉCOMMUNICATIONS EN 1966 EN DÉCOUVRANT COMMENT TRANSMETTRE LA LUMIÈRE SUR DE LONGUES DISTANCES VIA DES FIBRES DE VERRE OU DE PLASTIQUE, POSANT LES BASES DE LA TECHNOLOGIE DE LA FIBRE OPTIQUE. CETTE INNOVATION A PERMIS LA TRANSMISSION DE DONNÉES À DES VITESSES ET SUR DES DISTANCES JUSQU'ALORS INIMAGINABLES, SURPASSANT LARGEMENT LES CAPACITÉS DES CÂBLES MÉTALLIQUES TRADITIONNELS. LA FIBRE OPTIQUE EST DEVENUE LA COLONNE VERTÉBRALE DE L'INTERNET ET DES RÉSEAUX DE TÉLÉCOMMUNICATION MODERNES, SUPPORTANT L'EXPLOSION DES DONNÉES NUMÉRIQUES, DES SERVICES DE STREAMING VIDÉO, ET DE LA TÉLÉPHONIE MOBILE. LA VISION DE KAO A OUVERT LA VOIE À UNE ÈRE DE CONNECTIVITÉ GLOBALE, TRANSFORMANT LES INFRASTRUCTURES DE COMMUNICATION À TRAVERS LE MONDE ET FACILITANT L'ÉMERGENCE D'UNE SOCIÉTÉ VÉRITABLEMENT CONNECTÉE.

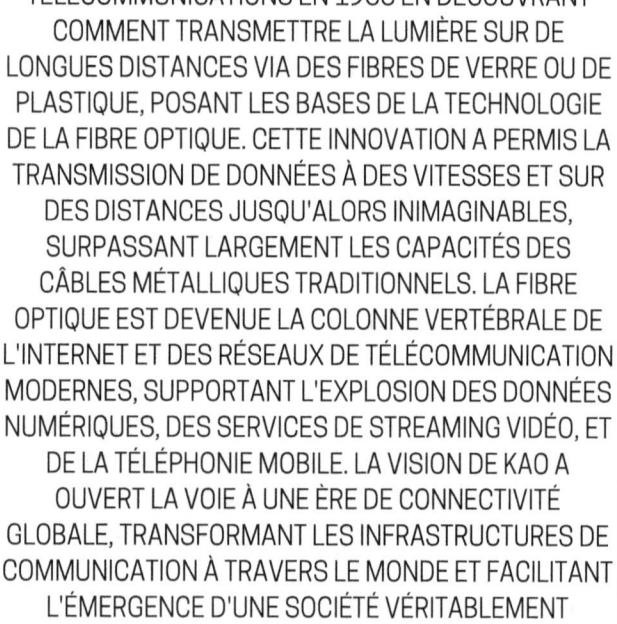

LED

L'INVENTION DES DIODES ÉLECTROLUMINESCENTES (LED) EN 1962 PAR NICK HOLONYAK JR. A MARQUÉ UN TOURNANT DANS LE DOMAINE DE L'ÉCLAIRAGE ET DE L'AFFICHAGE. LES LED OFFRENT UNE EFFICACITÉ ÉNERGÉTIQUE, UNE DURÉE DE VIE ET UNE ROBUSTESSE SUPÉRIEURES PAR RAPPORT AUX SOURCES DE LUMIÈRE TRADITIONNELLES TELLES QUE LES AMPOULES À INCANDESCENCE ET LES TUBES FLUORESCENTS. CETTE TECHNOLOGIE A TROUVÉ DES APPLICATIONS DANS UNE MULTITUDE DE DOMAINES, ALLANT DES SIMPLES INDICATEURS LUMINEUX SUR LES APPAREILS ÉLECTROMÉNAGERS AUX ÉCRANS GÉANTS DE STADES ET AUX LAMPES DOMESTIQUES. AVEC L'AVÈNEMENT DES LED BLANCHES, L'ÉCLAIRAGE LED EST DEVENU OMNIPRÉSENT, CONTRIBUANT À RÉDUIRE LA CONSOMMATION MONDIALE D'ÉNERGIE ET À OUVRIR DE NOUVELLES POSSIBILITÉS DE CONCEPTION POUR L'ÉCLAIRAGE ET L'AFFICHAGE NUMÉRIQUE.

14

GPS

LA TECHNOLOGIE GPS, DÉVELOPPÉE INITIALEMENT PAR LE DÉPARTEMENT DE LA DÉFENSE DES ÉTATS-UNIS DANS LES ANNÉES 1970 POUR DES APPLICATIONS MILITAIRES, EST DEVENUE UNE COMPOSANTE ESSENTIELLE DE LA VIE QUOTIDIENNE MODERNE. LE GPS PERMET DE DÉTERMINER AVEC PRÉCISION LA POSITION GÉOGRAPHIQUE D'UN OBJET OU D'UNE PERSONNE N'IMPORTE OÙ SUR LA TERRE, UTILISANT UN RÉSEAU DE SATELLITES EN ORBITE. DEPUIS SON OUVERTURE AU PUBLIC DANS LES ANNÉES 1980, LE GPS A RÉVOLUTIONNÉ DE NOMBREUX SECTEURS, Y COMPRIS LA NAVIGATION, LE SAUVETAGE EN MER ET EN MONTAGNE, LA GESTION DES FLOTTES DE VÉHICULES, ET LES APPLICATIONS MOBILES PERSONNELLES. SA CAPACITÉ À FOURNIR DES INFORMATIONS DE LOCALISATION EXACTES ET EN TEMPS RÉEL A TRANSFORMÉ LA FAÇON DONT NOUS VOYAGEONS, TRAVAILLONS, ET INTERAGISSONS AVEC LE MONDE QUI NOUS ENTOURE.

15

ÉCRANS TACTILES

BIEN QUE LES PREMIÈRES TECHNOLOGIES D'ÉCRAN TACTILE AIENT ÉTÉ DÉVELOPPÉES DANS LES ANNÉES 1960, CE N'EST QU'AU DÉBUT DES ANNÉES 2000 QUE LES ÉCRANS TACTILES SONT DEVENUS POPULAIRES ET LARGEMENT ADOPTÉS DANS LES APPAREILS GRAND PUBLIC. CETTE ÉVOLUTION A ÉTÉ RENDUE POSSIBLE GRÂCE AUX PROGRÈS TECHNOLOGIQUES PERMETTANT DE PRODUIRE DES ÉCRANS TACTILES PLUS RÉACTIFS, DURABLES, ET ABORDABLES. L'INTRODUCTION DE SMARTPHONES, TABLETTES, ET KIOSQUES INTERACTIFS ÉQUIPÉS D'ÉCRANS TACTILES A TRANSFORMÉ L'INTERFACE UTILISATEUR, RENDANT LA NAVIGATION INTUITIVE ET DIRECTE PAR DES GESTES TACTILES. CETTE TECHNOLOGIE A NON SEULEMENT RENDU LES DISPOSITIFS ÉLECTRONIQUES PLUS ACCESSIBLES À UN LARGE PUBLIC MAIS A ÉGALEMENT INITIÉ UNE NOUVELLE ÈRE DE CONCEPTION INTERACTIVE, INFLUENÇANT PROFONDÉMENT NOTRE INTERACTION AVEC LA TECHNOLOGIE NUMÉRIQUE.

16

PHOTO NUMÉRIQUE

EN 1975, STEVEN SASSON, UN JEUNE INGÉNIEUR TRAVAILLANT POUR KODAK, A CRÉÉ LE PREMIER APPAREIL PHOTO NUMÉRIQUE. CET APPAREIL EXPÉRIMENTAL, ENCOMBRANT ET ASSEZ PRIMITIF PAR LES STANDARDS ACTUELS, MARQUAIT LE DÉBUT D'UNE RÉVOLUTION DANS LA PHOTOGRAPHIE. UTILISANT UN CAPTEUR CCD POUR CAPTURER DES IMAGES EN NOIR ET BLANC À UNE RÉSOLUTION DE 0,01 MÉGAPIXEL, CET APPAREIL STOCKAIT LES PHOTOS SUR UNE CASSETTE MAGNÉTIQUE ET NÉCESSITAIT PLUSIEURS SECONDES POUR ENREGISTRER UNE IMAGE. LA TECHNOLOGIE NUMÉRIQUE A DEPUIS TRANSFORMÉ LA PHOTOGRAPHIE, PERMETTANT DE CAPTURER, STOCKER ET PARTAGER DES IMAGES INSTANTANÉMENT, RÉDUISANT AINSI LA BARRIÈRE À LA CRÉATION ET À LA DISTRIBUTION DE CONTENUS VISUELS ET OUVRANT LA PHOTOGRAPHIE À DES MILLIONS DE PERSONNES À TRAVERS LE MONDE.

TÉLÉPHONE PORTABLE

EN 1973, MOTOROLA A INTRODUIT LE PREMIER TÉLÉPHONE PORTABLE, LE DYNATAC 8000X, UNE INNOVATION QUI A TRANSFORMÉ LA COMMUNICATION PERSONNELLE. CONÇU PAR MARTIN COOPER ET SON ÉQUIPE, CE TÉLÉPHONE PESAIT PRÈS D'UN KILOGRAMME, MESURAIT 23 CENTIMÈTRES DE LONG, ET OFFRAIT UNE AUTONOMIE DE SEULEMENT 30 MINUTES DE CONVERSATION. MALGRÉ CES LIMITATIONS, LE DYNATAC A OUVERT LA VOIE À L'ÈRE DE LA MOBILITÉ, PERMETTANT AUX GENS DE COMMUNIQUER SANS LES CONTRAINTES D'UN TÉLÉPHONE FIXE. AU FIL DES DÉCENNIES, LES TÉLÉPHONES PORTABLES ONT ÉVOLUÉ POUR DEVENIR DE PLUS EN PLUS COMPACTS ET PUISSANTS, CULMINANT DANS LES SMARTPHONES D'AUJOURD'HUI, QUI INTÈGRENT DES FONCTIONS DE COMMUNICATION, DE DIVERTISSEMENT, ET D'ACCÈS À L'INFORMATION.

18

WI-FI

L'INVENTION DU WI-FI EN 1991 PAR NCR CORPORATION ET AT&T A RÉVOLUTIONNÉ LA FAÇON DONT LES APPAREILS SE CONNECTENT À INTERNET ET ENTRE EUX. INITIALEMENT CONÇU POUR LES CAISSES ENREGISTREUSES SANS FIL, LE WI-FI UTILISE DES ONDES RADIO POUR FOURNIR UNE CONNECTIVITÉ INTERNET HAUT DÉBIT SANS NÉCESSITER DE CONNEXIONS FILAIRES. CETTE TECHNOLOGIE A PERMIS LA CRÉATION DE RÉSEAUX LOCAUX SANS FIL (WLAN), OFFRANT LA FLEXIBILITÉ ET LA MOBILITÉ DANS L'ACCÈS À INTERNET À LA MAISON, AU TRAVAIL ET DANS LES LIEUX PUBLICS. LE WI-FI A EU UN IMPACT PROFOND SUR LE DÉVELOPPEMENT DES TECHNOLOGIES MOBILES ET DE L'INTERNET DES OBJETS, EN FACILITANT L'ÉMERGENCE D'UNE SOCIÉTÉ TOUJOURS CONNECTÉE, OÙ L'ACCÈS À L'INFORMATION ET LES SERVICES EN LIGNE SONT DISPONIBLES PRATIQUEMENT PARTOUT ET À TOUT MOMENT.

19

CONSOLE ODYSSEY

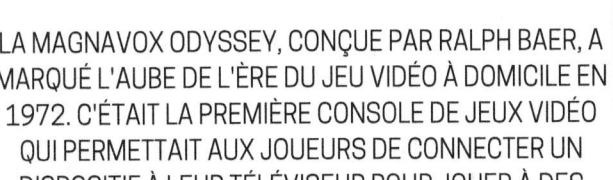

LA MAGNAVOX ODYSSEY, CONÇUE PAR RALPH BAER, A MARQUÉ L'AUBE DE L'ÈRE DU JEU VIDÉO À DOMICILE EN 1972. C'ÉTAIT LA PREMIÈRE CONSOLE DE JEUX VIDÉO QUI PERMETTAIT AUX JOUEURS DE CONNECTER UN DISPOSITIF À LEUR TÉLÉVISEUR POUR JOUER À DES JEUX VIDÉO. BIEN QUE TECHNIQUEMENT PRIMITIVE PAR LES STANDARDS ACTUELS, AVEC DES GRAPHIQUES SIMPLES ET UNE GAMME LIMITÉE DE JEUX QUI UTILISAIENT DES OVERLAYS EN PLASTIQUE SUR L'ÉCRAN POUR CRÉER L'ILLUSION DE GRAPHIQUES COLORÉS, L'ODYSSEY A OUVERT LA PORTE À L'INDUSTRIE DU JEU VIDÉO À DOMICILE. CETTE INNOVATION A POSÉ LES FONDEMENTS DE L'INDUSTRIE DU JEU VIDÉO, QUI ALLAIT DEVENIR UNE PARTIE INTÉGRANTE DE LA CULTURE POPULAIRE MONDIALE, ÉVOLUANT AVEC LE TEMPS POUR INCLURE DES GRAPHIQUES SOPHISTIQUÉS, UNE NARRATION COMPLEXE, ET DES EXPÉRIENCES MULTIJOUEURS EN LIGNE.

20

RFID

L'UTILISATION DE LA TECHNOLOGIE RFID (RADIO FREQUENCY IDENTIFICATION) REMONTE À LA SECONDE GUERRE MONDIALE, OÙ ELLE A ÉTÉ DÉVELOPPÉE POUR DISTINGUER LES AVIONS AMIS DES AVIONS ENNEMIS. CETTE TECHNOLOGIE PRÉCOCE, CONNUE SOUS LE NOM DE "SYSTÈME D'IDENTIFICATION AMI OU ENNEMI" (IFF), UTILISAIT DES SIGNAUX RADIO POUR IDENTIFIER LES APPAREILS, RÉDUISANT AINSI LE RISQUE DE TIR FRATRICIDE. DEPUIS LORS, LA RFID A ÉTÉ ADAPTÉE À UNE MULTITUDE D'APPLICATIONS CIVILES, ALLANT DU SUIVI DES STOCKS DANS LA LOGISTIQUE À L'AMÉLIORATION DE LA SÉCURITÉ DES PASSEPORTS ET DES CARTES DE CRÉDIT. LA CAPACITÉ À STOCKER ET RÉCUPÉRER DES DONNÉES À DISTANCE VIA DES ÉTIQUETTES RFID A RÉVOLUTIONNÉ LES SYSTÈMES DE SUIVI ET D'IDENTIFICATION, SIMPLIFIANT LES PROCESSUS DANS DE NOMBREUX SECTEURS INDUSTRIELS ET COMMERCIAUX.

21

DRONES MILITAIRES

LES ORIGINES DES DRONES, OU VÉHICULES AÉRIENS
SANS PILOTE (UAV), REMONTENT AUX ANNÉES 1930,
LORSQUE DES MODÈLES RÉDUITS D'AVIONS ONT ÉTÉ
DÉVELOPPÉS PRINCIPALEMENT POUR DES
UTILISATIONS MILITAIRES, TELS QUE L'ENTRAÎNEMENT
AU TIR ANTIAÉRIEN ET LES MISSIONS DE
RECONNAISSANCE. CES PREMIERS DRONES ÉTAIENT
DES PRÉDÉCESSEURS LOINTAINS DES UAV
SOPHISTIQUÉS UTILISÉS AUJOURD'HUI, QUI JOUENT
DES RÔLES CRUCIAUX DANS LES OPÉRATIONS DE
SURVEILLANCE, LA CARTOGRAPHIE, LA RECHERCHE ET
LE SAUVETAGE, AINSI QUE DANS LE CINÉMA ET LA
PHOTOGRAPHIE. AVEC L'AVANCEMENT DE LA
TECHNOLOGIE, LES DRONES ONT GAGNÉ EN
POPULARITÉ ET EN ACCESSIBILITÉ POUR LE GRAND
PUBLIC, OUVRANT DE NOUVELLES PERSPECTIVES
POUR LES APPLICATIONS CIVILES, ALLANT DE
L'AGRICULTURE DE PRÉCISION À LA LIVRAISON DE
COLIS, ET MÊME À L'EXPLORATION DE LIEUX
INACCESSIBLES OU DANGEREUX POUR L'HOMME.

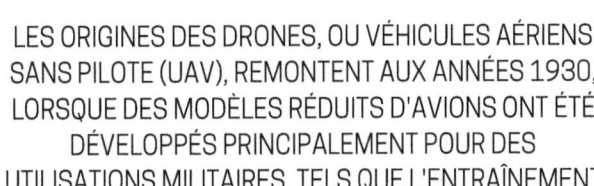

OLED

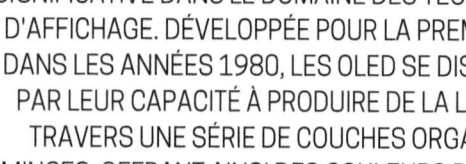

LA TECHNOLOGIE OLED, ACRONYME DE ORGANIC LIGHT EMITTING DIODE, REPRÉSENTE UNE AVANCÉE SIGNIFICATIVE DANS LE DOMAINE DES TECHNOLOGIES D'AFFICHAGE. DÉVELOPPÉE POUR LA PREMIÈRE FOIS DANS LES ANNÉES 1980, LES OLED SE DISTINGUENT PAR LEUR CAPACITÉ À PRODUIRE DE LA LUMIÈRE À TRAVERS UNE SÉRIE DE COUCHES ORGANIQUES MINCES, OFFRANT AINSI DES COULEURS PLUS VIVES, DES NOIRS PLUS PROFONDS ET UN ANGLE DE VISION PLUS LARGE PAR RAPPORT AUX TECHNOLOGIES D'AFFICHAGE TRADITIONNELLES COMME LES LCD. UN DES AVANTAGES MAJEURS DES ÉCRANS OLED RÉSIDE DANS LEUR FLEXIBILITÉ, OUVRANT LA VOIE À DES APPAREILS PLIABLES OU COURBÉS QUI ÉTAIENT INIMAGINABLES AUPARAVANT. CETTE TECHNOLOGIE A NON SEULEMENT AMÉLIORÉ LA QUALITÉ DE L'IMAGE POUR LES TÉLÉVISEURS, LES SMARTPHONES ET LES MONTRES INTELLIGENTES, MAIS ELLE A ÉGALEMENT PERMIS DE RÉDUIRE LEUR CONSOMMATION D'ÉNERGIE, CONTRIBUANT À UNE MEILLEURE EFFICACITÉ ÉNERGÉTIQUE GLOBALE.

23

IMPRIMANTE 3D

CHUCK HULL A RÉVOLUTIONNÉ LE MONDE DE LA
FABRICATION EN INVENTANT LA PREMIÈRE
IMPRIMANTE 3D EN 1984, JETANT AINSI LES BASES DE
LA TECHNOLOGIE DE FABRICATION ADDITIVE. CETTE
INVENTION A PERMIS DE CRÉER DES OBJETS
TRIDIMENSIONNELS COUCHE PAR COUCHE À PARTIR DE
DONNÉES NUMÉRIQUES, OFFRANT UNE FLEXIBILITÉ ET
UNE PRÉCISION SANS PRÉCÉDENT DANS LE
PROCESSUS DE FABRICATION. LA
STÉRÉOLITHOGRAPHIE, LA TECHNIQUE DÉVELOPPÉE
PAR HULL, UTILISE UN LASER POUR SOLIDIFIER UNE
RÉSINE LIQUIDE EN FORMES COMPLEXES, OUVRANT DE
NOUVELLES POSSIBILITÉS DANS LA CONCEPTION DE
PRODUITS, LE PROTOTYPAGE RAPIDE, ET MÊME LA
PRODUCTION DE PIÈCES FINIES. L'IMPRESSION 3D A
TROUVÉ DES APPLICATIONS DANS UNE MULTITUDE DE
DOMAINES, Y COMPRIS LA MÉDECINE,
L'AÉROSPATIALE, L'ARCHITECTURE ET LA BIJOUTERIE,
TRANSFORMANT LA MANIÈRE DONT LES OBJETS SONT
CONÇUS, DÉVELOPPÉS ET PRODUITS.

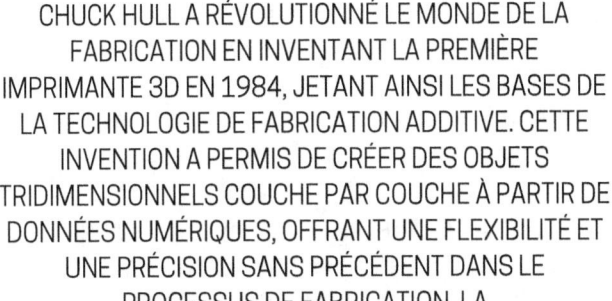

BLUETOOTH

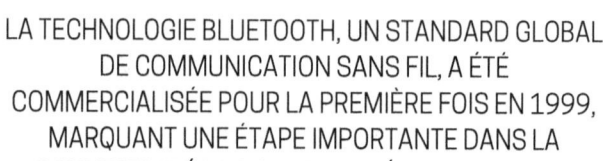

LA TECHNOLOGIE BLUETOOTH, UN STANDARD GLOBAL DE COMMUNICATION SANS FIL, A ÉTÉ COMMERCIALISÉE POUR LA PREMIÈRE FOIS EN 1999, MARQUANT UNE ÉTAPE IMPORTANTE DANS LA CONNECTIVITÉ DES APPAREILS ÉLECTRONIQUES. CETTE TECHNOLOGIE PERMET L'ÉCHANGE DE DONNÉES À COURTE DISTANCE ENTRE DES APPAREILS FIXES ET MOBILES, CRÉANT DES CONNEXIONS SANS FIL SÉCURISÉES ET PRATIQUES. LE PREMIER APPAREIL COMMERCIAL À INTÉGRER LA TECHNOLOGIE BLUETOOTH FUT UN CASQUE, OFFRANT UNE SOLUTION MAINS LIBRES POUR RÉPONDRE AUX APPELS TÉLÉPHONIQUES. DEPUIS, BLUETOOTH A ÉTÉ ADOPTÉ DANS UNE VASTE GAMME D'APPAREILS, Y COMPRIS LES SMARTPHONES, LES ORDINATEURS, LES ENCEINTES, ET LES VÉHICULES, FACILITANT LE PARTAGE DE DONNÉES, L'ÉCOUTE DE MUSIQUE, ET LA COMMUNICATION. SA FAIBLE CONSOMMATION D'ÉNERGIE ET SA PORTABILITÉ ONT FAIT DE BLUETOOTH UNE TECHNOLOGIE INCONTOURNABLE DANS LA VIE QUOTIDIENNE, AMÉLIORANT L'INTERCONNECTIVITÉ ET LA COMMODITÉ DES APPAREILS ÉLECTRONIQUES AUTOUR DE NOUS.

25

AR & VR

LES CONCEPTS DE RÉALITÉ AUGMENTÉE (AR) ET DE RÉALITÉ VIRTUELLE (VR) ONT ÉTÉ EXPLORÉS DÈS LES ANNÉES 1960, MARQUANT LES PREMIERS PAS VERS LA CRÉATION D'ENVIRONNEMENTS IMMERSIFS. LA VR VISE À IMMERGER TOTALEMENT L'UTILISATEUR DANS UN ENVIRONNEMENT NUMÉRIQUE, TANDIS QUE L'AR SUPERPOSE DES INFORMATIONS OU DES IMAGES NUMÉRIQUES SUR LE MONDE RÉEL, ENRICHISSANT AINSI L'EXPÉRIENCE UTILISATEUR SANS LA DÉCONNECTER DE SON ENVIRONNEMENT. CES TECHNOLOGIES ONT LONGTEMPS ÉTÉ LIMITÉES PAR LES CONTRAINTES TECHNIQUES ET LE COÛT, RESTANT PRINCIPALEMENT DANS LES DOMAINES DE LA RECHERCHE ET DU DÉVELOPPEMENT. CEPENDANT, AVEC L'AVANCÉE DES TECHNOLOGIES DE CAPTEURS, DES GRAPHIQUES, ET DES PROCESSEURS AU DÉBUT DU XXIE SIÈCLE, LA AR ET LA VR ONT CONNU UNE EXPLOSION COMMERCIALE, TROUVANT DES APPLICATIONS DANS L'ÉDUCATION, L'INDUSTRIE, LE DIVERTISSEMENT ET AU-DELÀ, TRANSFORMANT LA FAÇON DONT NOUS INTERAGISSONS AVEC LE MONDE NUMÉRIQUE.

26

NFC

NORMALISÉE EN 2003, LA TECHNOLOGIE NEAR FIELD COMMUNICATION (NFC) A RÉVOLUTIONNÉ LES TRANSACTIONS ET LES ÉCHANGES DE DONNÉES EN PERMETTANT DES COMMUNICATIONS SANS CONTACT ENTRE APPAREILS SUR DE COURTES DISTANCES. LA NFC FACILITE LES PAIEMENTS RAPIDES, SÉCURISÉS ET PRATIQUES AVEC SIMPLEMENT UN TAPOTEMENT DE CARTE OU DE SMARTPHONE SUR UN TERMINAL DE PAIEMENT. AU-DELÀ DES TRANSACTIONS FINANCIÈRES, CETTE TECHNOLOGIE A TROUVÉ DES APPLICATIONS DANS LE PARTAGE DE FICHIERS ENTRE APPAREILS, L'ACCÈS AUX TRANSPORTS EN COMMUN, ET LES SYSTÈMES D'IDENTIFICATION PERSONNELLE. L'ADOPTION GÉNÉRALISÉE DE LA NFC A SIMPLIFIÉ LES INTERACTIONS QUOTIDIENNES, OFFRANT UNE COMMODITÉ ACCRUE ET UNE EXPÉRIENCE UTILISATEUR AMÉLIORÉE, ENCOURAGEANT AINSI UNE TRANSITION VERS UNE SOCIÉTÉ DE PLUS EN PLUS DÉMATÉRIALISÉE.

27

TABLETTE WACOM

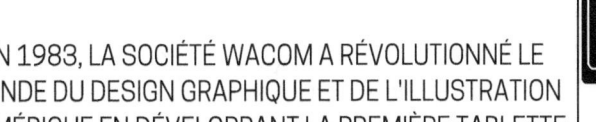

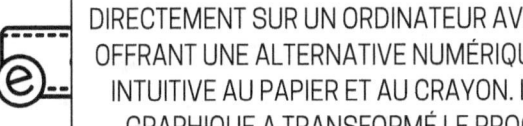

EN 1983, LA SOCIÉTÉ WACOM A RÉVOLUTIONNÉ LE MONDE DU DESIGN GRAPHIQUE ET DE L'ILLUSTRATION NUMÉRIQUE EN DÉVELOPPANT LA PREMIÈRE TABLETTE GRAPHIQUE. CET OUTIL INNOVANT PERMETTAIT AUX ARTISTES ET AUX DESIGNERS DE DESSINER DIRECTEMENT SUR UN ORDINATEUR AVEC UN STYLET, OFFRANT UNE ALTERNATIVE NUMÉRIQUE PRÉCISE ET INTUITIVE AU PAPIER ET AU CRAYON. LA TABLETTE GRAPHIQUE A TRANSFORMÉ LE PROCESSUS DE CRÉATION ARTISTIQUE, PERMETTANT UNE INTERACTION DIRECTE AVEC L'ŒUVRE NUMÉRIQUE, UNE GAMME ÉTENDUE D'EFFETS ET DE TEXTURES, ET LA POSSIBILITÉ DE MODIFICATIONS ET D'AJUSTEMENTS FACILES. L'INTRODUCTION DE LA TABLETTE GRAPHIQUE PAR WACOM A OUVERT LA VOIE À DES AVANCÉES SIGNIFICATIVES DANS LES INDUSTRIES CRÉATIVES, DEVENANT UN OUTIL INDISPENSABLE POUR LES GRAPHISTES, LES ILLUSTRATEURS, ET LES ANIMATEURS, ET CONTRIBUANT À L'ESSOR DE L'ART NUMÉRIQUE.

28

BATTERIES LITHIUM-ION

EN 1991, SONY A RÉVOLUTIONNÉ LE MARCHÉ DE L'ÉNERGIE PORTABLE EN COMMERCIALISANT LA PREMIÈRE BATTERIE RECHARGEABLE AU LITHIUM-ION. CETTE AVANCÉE TECHNOLOGIQUE OFFRAIT UNE DENSITÉ ÉNERGÉTIQUE NETTEMENT SUPÉRIEURE À CELLE DES BATTERIES TRADITIONNELLES, PERMETTANT AUX APPAREILS ÉLECTRONIQUES DE DEVENIR PLUS LÉGERS, PLUS COMPACTS, ET D'AVOIR UNE AUTONOMIE PROLONGÉE. LES BATTERIES AU LITHIUM-ION SE DISTINGUENT PAR LEUR CAPACITÉ À STOCKER UNE GRANDE QUANTITÉ D'ÉNERGIE DANS UN PETIT VOLUME, LEUR FAIBLE TAUX D'AUTODÉCHARGE ET L'ABSENCE D'EFFET MÉMOIRE, CE QUI PERMET DE LES RECHARGER PARTIELLEMENT SANS DIMINUER LEUR PERFORMANCE. DEVENUES UN ÉLÉMENT ESSENTIEL DANS LA CONCEPTION DES APPAREILS MOBILES MODERNES, DES TÉLÉPHONES PORTABLES AUX ORDINATEURS PORTABLES EN PASSANT PAR LES VÉHICULES ÉLECTRIQUES, LES BATTERIES AU LITHIUM-ION CONTINUENT DE JOUER UN RÔLE CENTRAL DANS L'AVANCEMENT DE LA TECHNOLOGIE PORTABLE ET DURABLE.

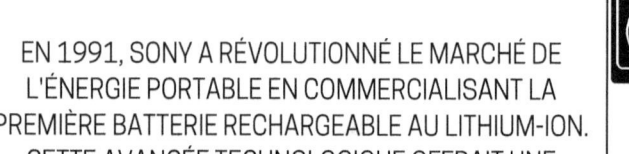
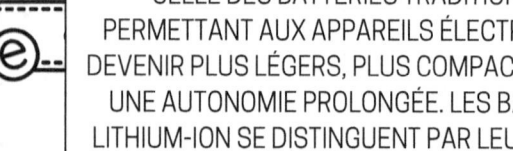

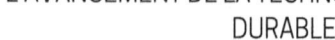

PANNEAUX SOLAIRES

EN 1954, LES BELL LABS ONT MARQUÉ UNE ÉTAPE MAJEURE DANS L'HISTOIRE DE L'ÉNERGIE RENOUVELABLE EN DÉVELOPPANT LES PREMIERS PANNEAUX SOLAIRES PHOTOVOLTAÏQUES CAPABLES DE CONVERTIR DIRECTEMENT LA LUMIÈRE SOLAIRE EN ÉLECTRICITÉ. CETTE INVENTION EXPLOITAIT L'EFFET PHOTOVOLTAÏQUE, OÙ CERTAINS MATÉRIAUX PEUVENT GÉNÉRER UN COURANT ÉLECTRIQUE LORSQU'ILS SONT EXPOSÉS À LA LUMIÈRE. BIEN QUE L'EFFICACITÉ INITIALE DE CES PREMIERS PANNEAUX SOLAIRES FÛT RELATIVEMENT FAIBLE, LEUR CRÉATION A OUVERT LA VOIE AU DÉVELOPPEMENT DE TECHNOLOGIES SOLAIRES PLUS EFFICACES ET ÉCONOMIQUEMENT VIABLES. AUJOURD'HUI, LES PANNEAUX SOLAIRES PHOTOVOLTAÏQUES JOUENT UN RÔLE CRUCIAL DANS LA TRANSITION ÉNERGÉTIQUE VERS DES SOURCES PLUS PROPRES ET DURABLES, FOURNISSANT UNE ÉNERGIE RENOUVELABLE POUR LES HABITATIONS, LES INDUSTRIES ET MÊME LES CENTRALES ÉLECTRIQUES À GRANDE ÉCHELLE.

30

ÉCRAN LCD

GEORGE H. HEILMEIER, TRAVAILLANT POUR LES RCA LABORATORIES, A INVENTÉ LA TECHNOLOGIE DES ÉCRANS À CRISTAUX LIQUIDES (LCD) EN 1964, POSANT AINSI LES BASES D'UNE RÉVOLUTION DANS L'AFFICHAGE NUMÉRIQUE. LA DÉCOUVERTE DE HEILMEIER EXPLOITAIT LES PROPRIÉTÉS UNIQUES DES CRISTAUX LIQUIDES, QUI PEUVENT MODULER LA LUMIÈRE EN RÉPONSE À UN CHAMP ÉLECTRIQUE, PERMETTANT L'AFFICHAGE D'INFORMATIONS DANS UN FORMAT COMPACT ET ÉCONOME EN ÉNERGIE. LES ÉCRANS LCD ONT CONSIDÉRABLEMENT ÉVOLUÉ DEPUIS LEUR INVENTION, OFFRANT DÉSORMAIS UNE QUALITÉ D'IMAGE HAUTE DÉFINITION, UNE CONSOMMATION D'ÉNERGIE RÉDUITE ET UNE CAPACITÉ DE PRODUCTION EN MASSE. CETTE TECHNOLOGIE EST OMNIPRÉSENTE DANS UNE MULTITUDE D'APPAREILS, ALLANT DES MONTRES ET CALCULATRICES AUX TÉLÉVISIONS, MONITEURS D'ORDINATEUR ET SMARTPHONES, DÉMONTRANT L'IMPACT PROFOND DE L'INVENTION DE HEILMEIER SUR LA SOCIÉTÉ MODERNE ET LA TECHNOLOGIE D'AFFICHAGE.

31

CARTE À PUCE

EN 1974, L'INVENTEUR FRANÇAIS ROLAND MORENO A RÉVOLUTIONNÉ LA SÉCURITÉ DES TRANSACTIONS ET DES DONNÉES AVEC L'INVENTION DE LA CARTE À PUCE. CETTE INNOVATION INTÈGRE UN MICROPROCESSEUR SÉCURISÉ CAPABLE DE STOCKER ET DE TRAITER DES DONNÉES, OFFRANT AINSI UNE FORME D'IDENTIFICATION ET D'AUTHENTIFICATION BIEN PLUS SÛRE QUE LES MÉTHODES TRADITIONNELLES. UTILISÉE DANS UNE VARIÉTÉ D'APPLICATIONS, ALLANT DES CARTES BANCAIRES ET DES TÉLÉPHONES MOBILES AUX PASSEPORTS ET SYSTÈMES D'ACCÈS SÉCURISÉS, LA CARTE À PUCE A CONSIDÉRABLEMENT AMÉLIORÉ LA SÉCURITÉ ET LA COMMODITÉ DES TRANSACTIONS ÉLECTRONIQUES. SA CAPACITÉ À STOCKER DES INFORMATIONS PERSONNELLES DE MANIÈRE SÉCURISÉE A ÉGALEMENT JOUÉ UN RÔLE CRUCIAL DANS LE DÉVELOPPEMENT DE L'ÉCONOMIE NUMÉRIQUE, EN PROTÉGEANT LES CONSOMMATEURS ET LES ENTREPRISES CONTRE LA FRAUDE ET LE VOL D'IDENTITÉ.

PC ALTAIR

L'ALTAIR 8800, INTRODUIT EN 1975 PAR MICRO INSTRUMENTATION AND TELEMETRY SYSTEMS (MITS), EST CONSIDÉRÉ COMME LE PREMIER ORDINATEUR PERSONNEL (PC) DE L'HISTOIRE. BIEN QU'IL SOIT LIVRÉ SOUS FORME DE KIT À ASSEMBLER SOI-MÊME ET SANS LES PÉRIPHÉRIQUES QUE NOUS ASSOCIONS AUJOURD'HUI À UN PC, COMME UN CLAVIER OU UN ÉCRAN, L'ALTAIR 8800 A CAPTIVÉ L'IMAGINATION DES AMATEURS DE TECHNOLOGIE ET A JETÉ LES BASES DE L'INDUSTRIE INFORMATIQUE PERSONNELLE. AVEC SON INTERFACE BASÉE SUR DES COMMUTATEURS ET DES VOYANTS LUMINEUX, L'ALTAIR 8800 A NOTAMMENT INSPIRÉ BILL GATES ET PAUL ALLEN À FONDER MICROSOFT, AFIN DE DÉVELOPPER LE PREMIER LOGICIEL DE PROGRAMMATION POUR CETTE MACHINE. L'ALTAIR 8800 A MARQUÉ LE DÉBUT DE L'ÈRE DU PC, DÉMOCRATISANT L'ACCÈS À L'INFORMATIQUE POUR LES PARTICULIERS ET OUVRANT LA VOIE À L'EXPLOSION DE L'INNOVATION TECHNOLOGIQUE DANS LES DÉCENNIES SUIVANTES.

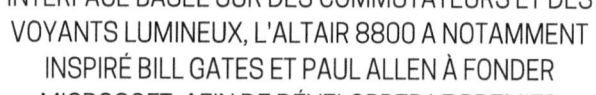
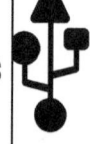

33

MONTRE NUMÉRIQUE

LA PULSAR, LANCÉE PAR HAMILTON WATCH COMPANY EN 1970, REPRÉSENTE UNE AVANCÉE SIGNIFICATIVE DANS LE MONDE DE L'HORLOGERIE, EN TANT QUE PREMIÈRE MONTRE NUMÉRIQUE. CETTE MONTRE INNOVANTE AFFICHAIT L'HEURE EN UTILISANT DES DIODES ÉLECTROLUMINESCENTES (LED) ROUGEOYANTES, ACTIVÉES PAR LA PRESSION D'UN BOUTON, REMPLAÇANT AINSI LES AIGUILLES ET LES CADRANS TRADITIONNELS. LA PULSAR SYMBOLISAIT LE FUTURISME ET L'INNOVATION, REFLÉTANT L'ENTHOUSIASME DE L'ÉPOQUE POUR LA TECHNOLOGIE ET L'ESPACE. BIEN QU'ELLE FÛT INITIALEMENT UN ARTICLE DE LUXE, LA TECHNOLOGIE DERRIÈRE LA PULSAR A OUVERT LA VOIE À LA PRODUCTION EN MASSE DE MONTRES NUMÉRIQUES, RENDANT L'AFFICHAGE DE L'HEURE NUMÉRIQUE COURANT ET ACCESSIBLE À TOUS. LA MONTRE NUMÉRIQUE EST DEVENUE UN ICÔNE CULTUREL, INFLUENÇANT PROFONDÉMENT LA CONCEPTION ET LA FONCTIONNALITÉ DES DISPOSITIFS PORTABLES DANS LES ANNÉES SUIVANTES.

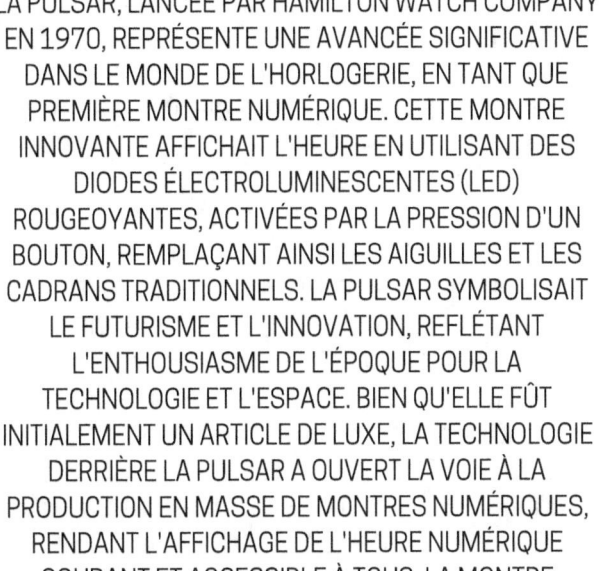

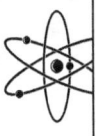

34

RECONNAISSANCE FACIALE

LA RECONNAISSANCE FACIALE, UNE TECHNOLOGIE PERMETTANT D'IDENTIFIER OU DE VÉRIFIER L'IDENTITÉ D'UNE PERSONNE À PARTIR DE SON VISAGE, A COMMENCÉ SES PREMIERS PAS DE DÉVELOPPEMENT DANS LES ANNÉES 1960. INITIALEMENT, CETTE TECHNOLOGIE SE BASAIT SUR LA RECONNAISSANCE ET L'ANALYSE DE TRAITS FACIAUX SPÉCIFIQUES, TELS QUE LA DISTANCE ENTRE LES YEUX, LE NEZ, LA BOUCHE ET LE CONTOUR DU VISAGE. AVEC L'AVÈNEMENT DE L'INFORMATIQUE ET DES ALGORITHMES AVANCÉS, LA RECONNAISSANCE FACIALE A CONNU DES PROGRÈS SIGNIFICATIFS, NOTAMMENT GRÂCE À L'APPRENTISSAGE AUTOMATIQUE ET À L'INTELLIGENCE ARTIFICIELLE. AUJOURD'HUI, ELLE TROUVE DES APPLICATIONS DANS DE NOMBREUX DOMAINES, ALLANT DE LA SÉCURITÉ ET LA SURVEILLANCE À L'AUTHENTIFICATION PERSONNELLE SUR LES APPAREILS MOBILES ET DANS LES SYSTÈMES BANCAIRES, TRANSFORMANT NOTRE MANIÈRE D'INTERAGIR AVEC LA TECHNOLOGIE ET SOULEVANT D'IMPORTANTES QUESTIONS ÉTHIQUES ET DE RESPECT DE LA VIE PRIVÉE.

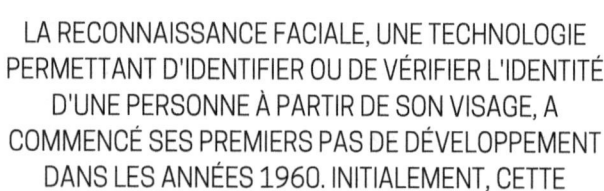
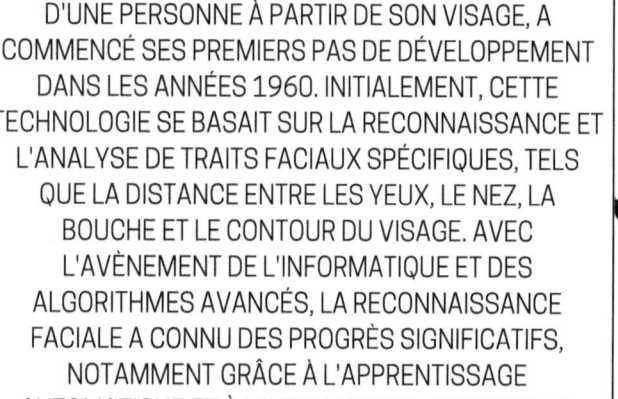

35

PONG

"PONG", LANCÉ PAR ATARI EN 1972, EST SOUVENT CITÉ COMME LE PREMIER JEU VIDÉO D'ARCADE COMMERCIALISÉ, MARQUANT LE DÉBUT DE L'INDUSTRIE DU JEU VIDÉO. INSPIRÉ PAR LE TENNIS DE TABLE, LE JEU PRÉSENTAIT UNE INTERFACE SIMPLE OÙ DEUX JOUEURS UTILISAIENT DES PALETTES POUR FRAPPER UNE BALLE NUMÉRIQUE D'AVANT EN ARRIÈRE. MALGRÉ SA SIMPLICITÉ, "PONG" EST DEVENU EXTRÊMEMENT POPULAIRE, INTRODUISANT LE CONCEPT DE JEU VIDÉO À UN PUBLIC PLUS LARGE ET ÉTABLISSANT LE JEU VIDÉO COMME UNE FORME DE DIVERTISSEMENT. LA RÉUSSITE DE "PONG" A STIMULÉ L'INNOVATION ET LA CROISSANCE DANS L'INDUSTRIE NAISSANTE DU JEU VIDÉO, CONDUISANT AU DÉVELOPPEMENT DE CONSOLES DE JEUX À DOMICILE, DE JEUX PLUS COMPLEXES ET À LA DIVERSIFICATION DES GENRES DE JEUX, FAÇONNANT AINSI LA CULTURE LUDIQUE MODERNE.

36

DISQUE COMPACT

LA TECHNOLOGIE DU DISQUE COMPACT (CD) A ÉTÉ CO-DÉVELOPPÉE PAR PHILIPS ET SONY EN 1982, RÉVOLUTIONNANT LE STOCKAGE ET LA CONSOMMATION DE LA MUSIQUE. CE SUPPORT NUMÉRIQUE OFFRAIT UNE QUALITÉ SONORE SUPÉRIEURE À CELLE DES SUPPORTS ANALOGIQUES DE L'ÉPOQUE, COMME LES VINYLES ET LES CASSETTES, ET UNE PLUS GRANDE RÉSISTANCE À L'USURE ET AUX DOMMAGES. LE CD A ÉGALEMENT INTRODUIT LA POSSIBILITÉ DE SAUTER RAPIDEMENT D'UNE PISTE À UNE AUTRE, OFFRANT AINSI UNE EXPÉRIENCE D'ÉCOUTE PLUS FLEXIBLE. LE SUCCÈS COMMERCIAL DES CD A TRANSFORMÉ L'INDUSTRIE MUSICALE, ENCOURAGÉ LE DÉVELOPPEMENT DE NOUVELLES TECHNOLOGIES DE STOCKAGE NUMÉRIQUE ET OUVERT LA VOIE À L'ÈRE DE LA MUSIQUE NUMÉRIQUE. MALGRÉ L'ÉVOLUTION VERS DES FORMATS NUMÉRIQUES PLUS RÉCENTS, L'INTRODUCTION DU CD RESTE UN JALON IMPORTANT DANS L'HISTOIRE DE LA TECHNOLOGIE AUDIO ET DU DIVERTISSEMENT.

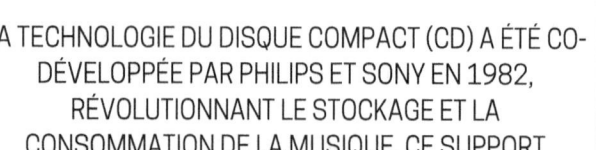

RÉSEAU 1G

EN 1979, LE JAPON A FRANCHI UNE ÉTAPE SIGNIFICATIVE DANS L'HISTOIRE DE LA COMMUNICATION EN LANÇANT LE PREMIER RÉSEAU DE TÉLÉPHONIE MOBILE DE PREMIÈRE GÉNÉRATION (1G) GRÂCE À NIPPON TELEGRAPH AND TELEPHONE (NTT). CE RÉSEAU INNOVANT A MARQUÉ LE DÉBUT DE L'ÈRE DE LA TÉLÉPHONIE MOBILE, PERMETTANT AUX UTILISATEURS DE PASSER DES APPELS SANS FIL À L'EXTÉRIEUR DE LEURS MAISONS OU BUREAUX. BIEN QUE LA TECHNOLOGIE 1G SOIT DÉSORMAIS CONSIDÉRÉE COMME RUDIMENTAIRE, NE SUPPORTANT QUE LA VOIX ANALOGIQUE ET SOUFFRANT DE PLUSIEURS LIMITATIONS COMME LA CAPACITÉ RÉDUITE, LA FAIBLE QUALITÉ SONORE ET LA SÉCURITÉ MINIMALE, ELLE A JETÉ LES BASES POUR LES DÉVELOPPEMENTS FUTURS DANS LA TÉLÉPHONIE MOBILE, MENANT AUX GÉNÉRATIONS SUCCESSIVES DE TECHNOLOGIES MOBILES QUI ONT RADICALEMENT TRANSFORMÉ NOTRE FAÇON DE COMMUNIQUER ET D'INTERAGIR DANS LE MONDE MODERNE.

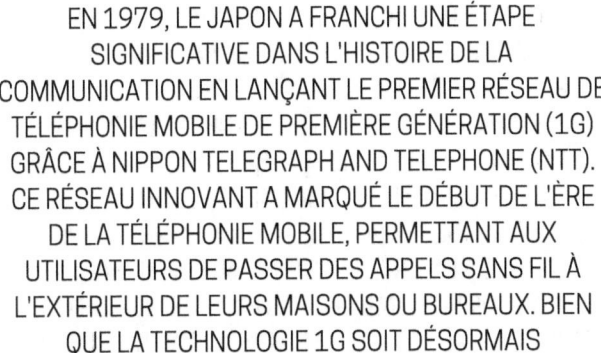
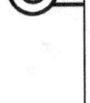

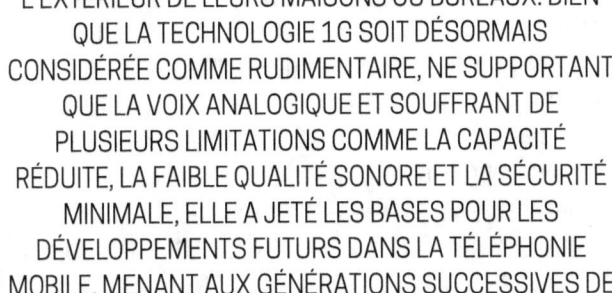

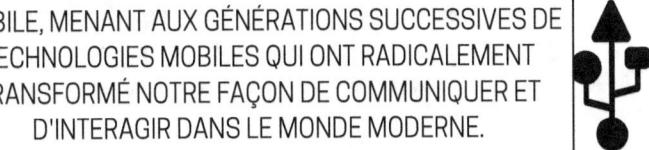

38

FORMAT MP3

LE FORMAT DE FICHIER MP3, NORMALISÉ EN 1991, A TRANSFORMÉ L'INDUSTRIE DE LA MUSIQUE EN PERMETTANT UNE COMPRESSION EFFICACE DES FICHIERS AUDIO SANS PERTE PERCEPTIBLE DE QUALITÉ POUR L'AUDITEUR MOYEN. CETTE INNOVATION A RENDU POSSIBLE LE STOCKAGE ET LA TRANSMISSION DE GRANDES QUANTITÉS DE MUSIQUE SUR DES APPAREILS NUMÉRIQUES ET VIA INTERNET, FACILITANT AINSI LA DIFFUSION ET LE PARTAGE DE LA MUSIQUE À UNE ÉCHELLE GLOBALE. LE MP3 A OUVERT LA VOIE À DES SERVICES DE MUSIQUE NUMÉRIQUE ET À DES LECTEURS PORTABLES, CHANGEANT RADICALEMENT LA MANIÈRE DONT LES GENS ACCÈDENT ET APPRÉCIENT LA MUSIQUE. SA POPULARITÉ A ÉGALEMENT SOULEVÉ DES QUESTIONS SUR LES DROITS D'AUTEUR ET A STIMULÉ DES DÉBATS SUR LA PROPRIÉTÉ INTELLECTUELLE À L'ÈRE NUMÉRIQUE, INFLUENÇANT PROFONDÉMENT À LA FOIS L'ÉCONOMIE DE LA MUSIQUE ET LA CULTURE POPULAIRE.

3DFX VOODOO

LA SORTIE DE LA CARTE GRAPHIQUE 3DFX VOODOO EN 1996 A MARQUÉ UN TOURNANT DANS LE DOMAINE DES GRAPHISMES POUR JEUX VIDÉO SUR PC, INTRODUISANT L'ACCÉLÉRATION 3D HARDWARE DANS LE GRAND PUBLIC. AVANT L'ARRIVÉE DE VOODOO, LES JEUX PC ÉTAIENT LARGEMENT LIMITÉS PAR LES CAPACITÉS GRAPHIQUES DES ORDINATEURS DE L'ÉPOQUE. LA 3DFX VOODOO A CHANGÉ LA DONNE EN OFFRANT UNE EXPÉRIENCE VISUELLE AMÉLIORÉE AVEC DES TEXTURES PLUS RICHES, DES EFFETS DE LUMIÈRE ET D'OMBRE RÉALISTES ET DES ANIMATIONS FLUIDES, TRANSFORMANT AINSI L'EXPÉRIENCE DE JEU SUR PC. SON SUCCÈS A NON SEULEMENT STIMULÉ LE DÉVELOPPEMENT DE JEUX PLUS AVANCÉS GRAPHIQUEMENT MAIS A ÉGALEMENT DÉCLENCHÉ UNE ÉVOLUTION RAPIDE DANS LE HARDWARE DE GAMING, AVEC UNE CONCURRENCE ACCRUE POUR PRODUIRE DES CARTES GRAPHIQUES TOUJOURS PLUS PUISSANTES ET EFFICACES, PROPULSANT L'INDUSTRIE DU JEU VIDÉO VERS DE NOUVEAUX SOMMETS.

40

ÉCRAN PLASMA

L'INVENTION DE LA TECHNOLOGIE DE L'ÉCRAN PLASMA DANS LES ANNÉES 1960 A MARQUÉ UNE AVANCÉE SIGNIFICATIVE DANS LE DOMAINE DE L'AFFICHAGE, MAIS IL A FALLU ATTENDRE LA FIN DES ANNÉES 1990 POUR QUE CETTE TECHNOLOGIE SOIT LARGEMENT COMMERCIALISÉE. LES ÉCRANS PLASMA UTILISENT DE PETITS PIXELS CONTENANT DU GAZ PLASMA POUR PRODUIRE DES IMAGES. LORSQU'ILS SONT ÉLECTRIFIÉS, CES GAZ ÉMETTENT DE LA LUMIÈRE, PERMETTANT D'AFFICHER DES IMAGES AUX COULEURS VIVES ET AUX CONTRASTES ÉLEVÉS. LES PREMIERS ÉCRANS PLASMA ONT ÉTÉ CÉLÉBRÉS POUR LEUR CAPACITÉ À PRODUIRE DES NOIRS PROFONDS ET POUR LEUR ANGLE DE VISION LARGE, LES RENDANT IDÉAUX POUR LE CINÉMA MAISON ET LES APPLICATIONS PUBLICITAIRES. MALGRÉ LEUR POIDS PLUS LOURD ET LEUR CONSOMMATION D'ÉNERGIE PLUS ÉLEVÉE COMPARATIVEMENT AUX TECHNOLOGIES ULTÉRIEURES COMME LES LCD ET LED, LES ÉCRANS PLASMA ONT JOUÉ UN RÔLE CRUCIAL DANS L'ÉVOLUTION VERS DES TÉLÉVISEURS À ÉCRAN PLAT ET ONT OUVERT LA VOIE À DES AMÉLIORATIONS CONTINUES DANS LA QUALITÉ DE L'IMAGE.

41

GPS MAGELLAN

LE MAGELLAN NAV 1000, LANCÉ EN 1989, A ÉTÉ LE PREMIER RÉCEPTEUR GPS PORTABLE DESTINÉ AU GRAND PUBLIC, OUVRANT UNE NOUVELLE ÈRE DANS LA NAVIGATION PERSONNELLE. AVANT L'INTRODUCTION DU NAV 1000, LA TECHNOLOGIE GPS ÉTAIT PRINCIPALEMENT UTILISÉE PAR LES MILITAIRES POUR LA NAVIGATION ET LE POSITIONNEMENT PRÉCIS. COMPACT POUR L'ÉPOQUE, MAIS CONSIDÉRABLEMENT PLUS VOLUMINEUX QUE LES DISPOSITIFS ACTUELS, LE NAV 1000 PERMETTAIT AUX UTILISATEURS DE DÉTERMINER LEUR POSITION GÉOGRAPHIQUE AVEC UNE PRÉCISION SANS PRÉCÉDENT. SA DISPONIBILITÉ POUR LE GRAND PUBLIC A RÉVOLUTIONNÉ LA MANIÈRE DONT LES GENS PLANIFIENT LEURS DÉPLACEMENTS, FAISANT DU GPS UNE TECHNOLOGIE INDISPENSABLE POUR LES ACTIVITÉS EXTÉRIEURES, LE VOYAGE, ET MÊME POUR DES APPLICATIONS DANS DES DOMAINES VARIÉS COMME L'AGRICULTURE, LA GÉOLOGIE, ET LES SECOURS D'URGENCE, FACILITANT AINSI LA NAVIGATION ET LA DÉCOUVERTE DU MONDE.

42

SSD

L'INTRODUCTION DES DISQUES DURS SSD (SOLID STATE DRIVES) DANS LES ANNÉES 2000 A REPRÉSENTÉ UN CHANGEMENT MAJEUR DANS LE STOCKAGE DES DONNÉES INFORMATIQUES, OFFRANT DES VITESSES DE LECTURE ET D'ÉCRITURE CONSIDÉRABLEMENT SUPÉRIEURES PAR RAPPORT AUX DISQUES DURS MÉCANIQUES TRADITIONNELS (HDD). CONTRAIREMENT AUX HDD, QUI UTILISENT DES PLATEAUX TOURNANTS ET DES TÊTES DE LECTURE/ÉCRITURE, LES SSD STOCKENT LES DONNÉES SUR DES PUCES MÉMOIRE FLASH, PERMETTANT UN ACCÈS RAPIDE AUX DONNÉES SANS PARTIES MOBILES, RÉDUISANT AINSI LE RISQUE DE PANNES MÉCANIQUES ET MINIMISANT LE BRUIT ET LA CONSOMMATION D'ÉNERGIE. CETTE AMÉLIORATION SIGNIFICATIVE DES PERFORMANCES A ACCÉLÉRÉ LE DÉMARRAGE DES SYSTÈMES, LE CHARGEMENT DES APPLICATIONS ET LA VITESSE DE TRANSFERT DES FICHIERS, TRANSFORMANT L'EXPÉRIENCE UTILISATEUR SUR LES ORDINATEURS PORTABLES, DE BUREAU, ET LES SERVEURS. LA DÉMOCRATISATION DES SSD A ÉTÉ UN FACTEUR CLÉ DANS L'ÉVOLUTION VERS DES APPAREILS INFORMATIQUES PLUS RAPIDES, PLUS FIABLES, ET PLUS EFFICACES ÉNERGÉTIQUEMENT.

43

SMARTPHONE IBM

INTRODUIT EN 1992, L'IBM SIMON EST SOUVENT
CONSIDÉRÉ COMME LE PREMIER SMARTPHONE DE
L'HISTOIRE, BIEN AVANT QUE LE TERME "SMARTPHONE"
NE DEVIENNE COURANT. CE DISPOSITIF INNOVANT
COMBINAIT LES FONCTIONNALITÉS D'UN TÉLÉPHONE
MOBILE AVEC CELLES D'UN ASSISTANT NUMÉRIQUE
PERSONNEL (PDA), OFFRANT DES APPLICATIONS
TELLES QUE LE CALENDRIER, LE CARNET D'ADRESSES,
UNE HORLOGE MONDIALE, UN BLOC-NOTES, DES E-
MAILS, ET DES JEUX. L'IBM SIMON DISPOSAIT
ÉGALEMENT D'UN ÉCRAN TACTILE, UNE
CARACTÉRISTIQUE RÉVOLUTIONNAIRE À L'ÉPOQUE,
PERMETTANT AUX UTILISATEURS D'INTERAGIR
DIRECTEMENT AVEC LES APPLICATIONS. BIEN QUE SON
PRIX ÉLEVÉ ET SA TAILLE RELATIVEMENT GRANDE
AIENT LIMITÉ SON ADOPTION, L'IBM SIMON A JETÉ LES
BASES POUR LES FUTURS DÉVELOPPEMENTS DANS LA
TECHNOLOGIE MOBILE, PRÉFIGURANT LES CAPACITÉS
MULTIFONCTIONNELLES QUI DEVIENDRAIENT LA
NORME POUR LES TÉLÉPHONES INTELLIGENTS
MODERNES.

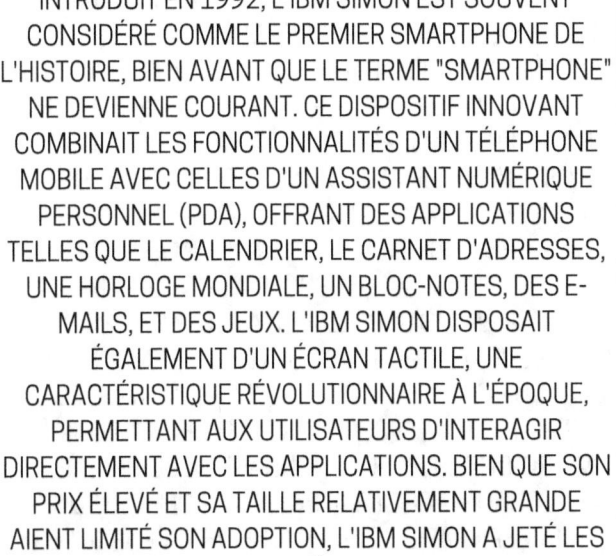

44

MICRO-ONDES

L'INVENTION DU FOUR À MICRO-ONDES EN 1946 PAR L'INGÉNIEUR PERCY SPENCER EST LE RÉSULTAT D'UN HEUREUX ACCIDENT. ALORS QU'IL TRAVAILLAIT SUR DES RADARS POUR LA RAYTHEON CORPORATION, SPENCER A REMARQUÉ QUE LA BARRE CHOCOLATÉE DANS SA POCHE AVAIT FONDU LORSQU'IL SE TENAIT PRÈS D'UN MAGNÉTRON, UN DISPOSITIF GÉNÉRANT DES ONDES RADAR. INTRIGUÉ PAR CETTE OBSERVATION, SPENCER A CONDUIT DES EXPÉRIENCES SUPPLÉMENTAIRES, Y COMPRIS LE CÉLÈBRE TEST DU MAÏS QUI A ÉCLATÉ EN POPCORN LORSQU'EXPOSÉ AUX ONDES. CES DÉCOUVERTES ONT MENÉ AU DÉVELOPPEMENT DU PREMIER FOUR À MICRO-ONDES, RÉVOLUTIONNANT LA CUISSON ET LE RÉCHAUFFAGE DES ALIMENTS EN OFFRANT UNE MANIÈRE RAPIDE ET PRATIQUE DE PRÉPARER LES REPAS. BIEN QUE LES PREMIERS MODÈLES ÉTAIENT TROP VOLUMINEUX ET COÛTEUX POUR LA PLUPART DES MÉNAGES, LES AVANCÉES TECHNOLOGIQUES ONT RENDU LES FOURS À MICRO-ONDES ACCESSIBLES À UN LARGE PUBLIC, EN FAISANT UN APPAREIL DOMESTIQUE INDISPENSABLE.

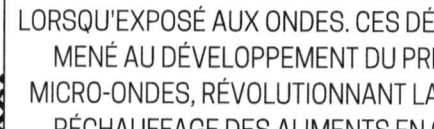
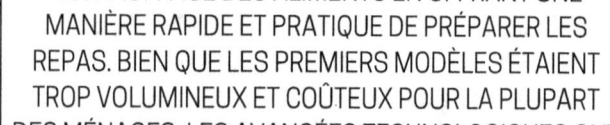
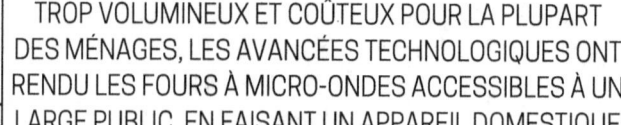

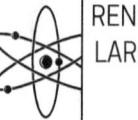

45

GAME BOY

LA GAME BOY, LANCÉE PAR NINTENDO EN 1989, A
RÉVOLUTIONNÉ LE MONDE DES JEUX VIDÉO EN
INTRODUISANT LA PREMIÈRE CONSOLE DE JEUX VIDÉO
PORTABLE GRAND PUBLIC. COMPACTE, DURABLE ET
ABORDABLE, LA GAME BOY A PERMIS AUX JOUEURS
D'EMPORTER LEURS JEUX VIDÉO PRÉFÉRÉS PARTOUT
AVEC EUX, TRANSFORMANT LES VOYAGES EN
VOITURE, LES SALLES D'ATTENTE ET LES PARCS EN
ESPACES DE JEU PERSONNELS. AVEC UN CATALOGUE
RICHE EN TITRES EMBLÉMATIQUES, DONT "TETRIS",
"POKÉMON" ET "THE LEGEND OF ZELDA", LA GAME BOY
A CONNU UN SUCCÈS COMMERCIAL MASSIF, OUVRANT
LA VOIE À L'INDUSTRIE FLORISSANTE DU JEU
PORTABLE. SA POPULARITÉ A NON SEULEMENT
CONSOLIDÉ LA POSITION DE NINTENDO EN TANT QUE
LEADER DANS L'INDUSTRIE DU JEU VIDÉO MAIS A
ÉGALEMENT ÉTABLI LES JEUX PORTABLES COMME UNE
PARTIE IMPORTANTE DE LA CULTURE LUDIQUE,
INFLUENÇANT LES GÉNÉRATIONS FUTURES DE
CONSOLES PORTABLES.

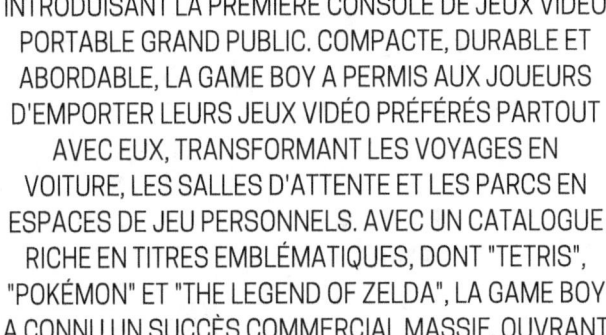

AMOLED

LA TECHNOLOGIE DES ÉCRANS AMOLED, INTRODUITE COMMERCIALEMENT DANS LES ANNÉES 2000, REPRÉSENTE UNE AVANCÉE MAJEURE DANS LE DOMAINE DES AFFICHAGES. CES ÉCRANS UTILISENT UNE MATRICE ACTIVE DE DIODES ÉLECTROLUMINESCENTES ORGANIQUES POUR AFFICHER DES IMAGES, COMBINANT AINSI LES AVANTAGES DE L'OLED, TELS QUE DES COULEURS VIBRANTES ET DES NOIRS PROFONDS, AVEC UNE CAPACITÉ DE RAFRAÎCHISSEMENT RAPIDE. L'AMOLED SE DISTINGUE PAR SA FINESSE, SA LÉGÈRETÉ ET SA FLEXIBILITÉ, PERMETTANT DE CONCEVOIR DES APPAREILS AUX FORMES INNOVANTES, COMME DES ÉCRANS INCURVÉS OU PLIABLES. EN OUTRE, LES ÉCRANS AMOLED OFFRENT UNE MEILLEURE EFFICACITÉ ÉNERGÉTIQUE POUR LES IMAGES SOMBRES, PROLONGEANT LA DURÉE DE VIE DE LA BATTERIE DES APPAREILS MOBILES. CETTE TECHNOLOGIE A RAPIDEMENT ÉTÉ ADOPTÉE DANS LES SMARTPHONES, LES MONTRES INTELLIGENTES ET D'AUTRES DISPOSITIFS PORTABLES, EN RAISON DE SA CAPACITÉ À PRODUIRE DES IMAGES DE HAUTE QUALITÉ TOUT EN CONSOMMANT MOINS D'ÉNERGIE.

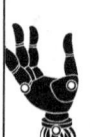

47

USB

LA NORME UNIVERSAL SERIAL BUS (USB) A ÉTÉ INTRODUITE EN 1996 DANS LE BUT DE SIMPLIFIER LA CONNEXION DES DISPOSITIFS ÉLECTRONIQUES À UN ORDINATEUR. AVANT L'USB, LES UTILISATEURS DEVAIENT NAVIGUER DANS UNE GAMME COMPLEXE DE PORTS DE CONNEXION ET DE CÂBLES SPÉCIFIQUES À CHAQUE APPAREIL, COMPLIQUANT LE PROCESSUS DE CONFIGURATION ET DE COMPATIBILITÉ. L'USB A UNIFIÉ CES CONNEXIONS, OFFRANT UN MOYEN STANDARDISÉ ET CONVIVIAL DE CONNECTER DES PÉRIPHÉRIQUES, TELS QUE DES IMPRIMANTES, DES CLAVIERS, DES DISQUES DURS EXTERNES ET DES APPAREILS PHOTO NUMÉRIQUES, À UN ORDINATEUR. AVEC SA CAPACITÉ À FOURNIR À LA FOIS DES DONNÉES ET UNE ALIMENTATION ÉLECTRIQUE SUR UN SEUL CÂBLE, L'USB A CONSIDÉRABLEMENT AMÉLIORÉ L'EXPÉRIENCE UTILISATEUR. DEPUIS SON INTRODUCTION, L'USB A ÉVOLUÉ À TRAVERS PLUSIEURS GÉNÉRATIONS, AUGMENTANT CONSIDÉRABLEMENT LA VITESSE DE TRANSFERT DE DONNÉES ET LA PUISSANCE DE CHARGE, DEVENANT AINSI UNE INTERFACE ESSENTIELLE DANS LE MONDE NUMÉRIQUE MODERNE.

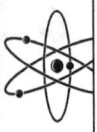

48

ROBOT ELEKTRO

ELEKTRO, LE PREMIER ROBOT HUMANOÏDE, A ÉTÉ UNE ATTRACTION VEDETTE À L'EXPOSITION UNIVERSELLE DE 1939 À NEW YORK. CRÉÉ PAR WESTINGHOUSE ELECTRIC CORPORATION, ELEKTRO MESURAIT PLUS DE 2 MÈTRES DE HAUT ET ÉTAIT CAPABLE DE MARCHER PAR COMMANDES VOCALES, DE PARLER (EN UTILISANT UN ENREGISTREMENT SUR DISQUE), DE FUMER DES CIGARETTES, DE SOUFFLER DES BALLONS ET DE BOUGER LA TÊTE ET LES BRAS. CETTE PROUESSE TECHNOLOGIQUE, BIEN QUE RUDIMENTAIRE PAR LES NORMES ACTUELLES, A FASCINÉ LE PUBLIC DE L'ÉPOQUE ET A ÉTÉ UN PRÉCURSEUR DES DÉVELOPPEMENTS FUTURS DANS LA ROBOTIQUE ET L'INTELLIGENCE ARTIFICIELLE. ELEKTRO A DÉMONTRÉ LES POSSIBILITÉS DE L'AUTOMATISATION ET DE L'INTERACTION HOMME-MACHINE, INSPIRANT DES GÉNÉRATIONS D'INGÉNIEURS ET DE SCIENTIFIQUES À POURSUIVRE LA RECHERCHE DANS LE DOMAINE DES ROBOTS HUMANOÏDES, ET A MARQUÉ LE DÉBUT DE L'EXPLORATION HUMAINE DE LA ROBOTIQUE COMME EXTENSION DE NOS CAPACITÉS PHYSIQUES ET COGNITIVES.

49

MUSIQUE CSIRAC

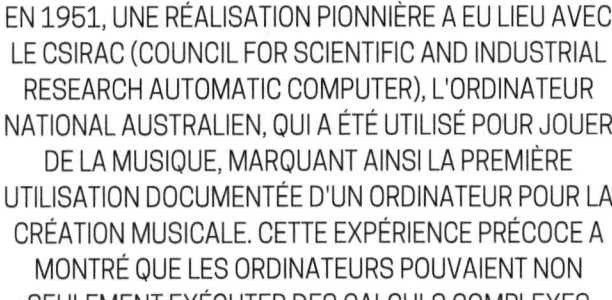

EN 1951, UNE RÉALISATION PIONNIÈRE A EU LIEU AVEC LE CSIRAC (COUNCIL FOR SCIENTIFIC AND INDUSTRIAL RESEARCH AUTOMATIC COMPUTER), L'ORDINATEUR NATIONAL AUSTRALIEN, QUI A ÉTÉ UTILISÉ POUR JOUER DE LA MUSIQUE, MARQUANT AINSI LA PREMIÈRE UTILISATION DOCUMENTÉE D'UN ORDINATEUR POUR LA CRÉATION MUSICALE. CETTE EXPÉRIENCE PRÉCOCE A MONTRÉ QUE LES ORDINATEURS POUVAIENT NON SEULEMENT EXÉCUTER DES CALCULS COMPLEXES MAIS AUSSI CRÉER DE L'ART, OUVRANT LA VOIE À L'INTERSECTION ENTRE LA TECHNOLOGIE ET LA CRÉATIVITÉ. LES MÉLODIES GÉNÉRÉES PAR LE CSIRAC ÉTAIENT SIMPLES, MAIS CETTE INNOVATION A JETÉ LES BASES DE LA MUSIQUE ÉLECTRONIQUE ET DE L'UTILISATION DE L'INFORMATIQUE DANS LA COMPOSITION MUSICALE ET LA PERFORMANCE. AUJOURD'HUI, L'UTILISATION DE LA TECHNOLOGIE DANS LA CRÉATION MUSICALE EST OMNIPRÉSENTE, ALLANT DES STUDIOS D'ENREGISTREMENT AUX PERFORMANCES LIVE, DÉMONTRANT L'IMPACT DURABLE DE CETTE PREMIÈRE EXPÉRIMENTATION.

50

SPOUTNIK 1

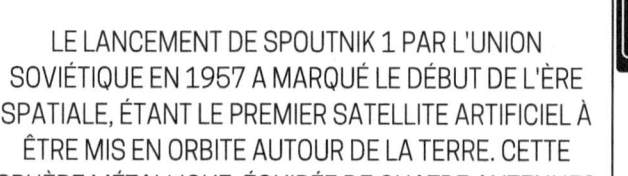

LE LANCEMENT DE SPOUTNIK 1 PAR L'UNION SOVIÉTIQUE EN 1957 A MARQUÉ LE DÉBUT DE L'ÈRE SPATIALE, ÉTANT LE PREMIER SATELLITE ARTIFICIEL À ÊTRE MIS EN ORBITE AUTOUR DE LA TERRE. CETTE SPHÈRE MÉTALLIQUE, ÉQUIPÉE DE QUATRE ANTENNES RADIO EXTERNES POUR TRANSMETTRE DES SIGNAUX RADIO VERS LA TERRE, A ILLUSTRÉ L'IMPORTANCE DES TECHNOLOGIES ÉLECTRONIQUES DANS L'EXPLORATION SPATIALE. SPOUTNIK 1 A ENVOYÉ DES "BIPS" AUDIBLES QUI POUVAIENT ÊTRE REÇUS PAR LES RADIOS SUR TERRE, CAPTIVANT L'IMAGINATION DU PUBLIC MONDIAL ET SOULIGNANT LE POTENTIEL DES SATELLITES POUR LA COMMUNICATION À LONGUE DISTANCE. LE SUCCÈS DE SPOUTNIK A STIMULÉ UNE COURSE SPATIALE ENTRE LES SUPERPUISSANCES ET A ENCOURAGÉ DES INVESTISSEMENTS CONSIDÉRABLES DANS LA RECHERCHE SPATIALE ET LES TECHNOLOGIES ASSOCIÉES, CONDUISANT AU DÉVELOPPEMENT DE SATELLITES DE COMMUNICATION, DE MÉTÉOROLOGIE ET DE NAVIGATION QUI SONT AUJOURD'HUI ESSENTIELS À NOTRE SOCIÉTÉ MODERNE.

51

APPEL MOBILE

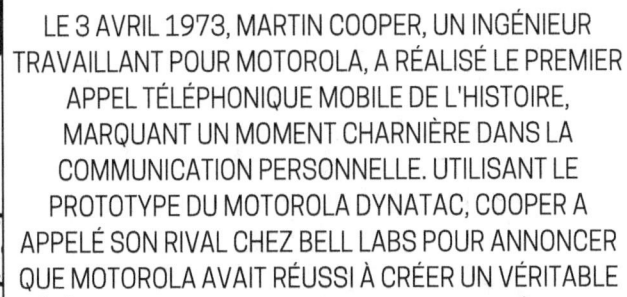

LE 3 AVRIL 1973, MARTIN COOPER, UN INGÉNIEUR TRAVAILLANT POUR MOTOROLA, A RÉALISÉ LE PREMIER APPEL TÉLÉPHONIQUE MOBILE DE L'HISTOIRE, MARQUANT UN MOMENT CHARNIÈRE DANS LA COMMUNICATION PERSONNELLE. UTILISANT LE PROTOTYPE DU MOTOROLA DYNATAC, COOPER A APPELÉ SON RIVAL CHEZ BELL LABS POUR ANNONCER QUE MOTOROLA AVAIT RÉUSSI À CRÉER UN VÉRITABLE TÉLÉPHONE PORTABLE. CET APPEL, EFFECTUÉ DEPUIS LES RUES DE NEW YORK, A NON SEULEMENT DÉMONTRÉ LA FAISABILITÉ DE LA TÉLÉPHONIE MOBILE MAIS A ÉGALEMENT OUVERT LA VOIE À L'ÈRE DE LA CONNECTIVITÉ MOBILE. LE DYNATAC, QUI ALLAIT DEVENIR LE PREMIER TÉLÉPHONE PORTABLE COMMERCIALISÉ UNE DÉCENNIE PLUS TARD, ÉTAIT VOLUMINEUX ET CHER PAR RAPPORT AUX STANDARDS ACTUELS, MAIS IL REPRÉSENTAIT UNE AVANCÉE TECHNOLOGIQUE SIGNIFICATIVE, PERMETTANT AUX GENS DE COMMUNIQUER SANS LES CONTRAINTES D'UN TÉLÉPHONE FIXE. LA VISION DE COOPER A FINALEMENT CONDUIT À L'OMNIPRÉSENCE DES SMARTPHONES D'AUJOURD'HUI, TRANSFORMANT PROFONDÉMENT NOTRE FAÇON DE VIVRE, DE TRAVAILLER ET DE NOUS CONNECTER LES UNS AUX AUTRES.

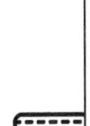

52

PCM

LA MODULATION PAR IMPULSIONS CODÉES (PCM) EST UNE MÉTHODE UTILISÉE POUR CONVERTIR DES SIGNAUX ANALOGIQUES EN UN FORMAT NUMÉRIQUE, INVENTÉE DANS LES ANNÉES 1930. CETTE TECHNOLOGIE FONDAMENTALE POUR LE TRAITEMENT NUMÉRIQUE DES SIGNAUX AUDIO PERMET UNE REPRÉSENTATION PRÉCISE DES SIGNAUX ANALOGIQUES SOUS FORME NUMÉRIQUE, FACILITANT AINSI LEUR STOCKAGE, TRANSMISSION ET MANIPULATION SANS DÉGRADATION SIGNIFICATIVE DE LA QUALITÉ. LA PCM A JETÉ LES BASES DE L'ÈRE NUMÉRIQUE DANS LA TÉLÉCOMMUNICATION ET L'AUDIO, Y COMPRIS LE DÉVELOPPEMENT DU CD AUDIO, DU TÉLÉPHONE NUMÉRIQUE, ET DE NOMBREUSES AUTRES APPLICATIONS NUMÉRIQUES. GRÂCE À CETTE TECHNOLOGIE, IL EST POSSIBLE DE PRÉSERVER LA CLARTÉ ET LA QUALITÉ DES ENREGISTREMENTS AUDIO SUR DES PÉRIODES PROLONGÉES, RÉVOLUTIONNANT AINSI LA MANIÈRE DONT LA MUSIQUE ET LES COMMUNICATIONS SONT PRODUITES, DISTRIBUÉES ET CONSOMMÉES.

53

PUCES RFID

LES PUCES RFID (RADIO-FREQUENCY IDENTIFICATION) SONT DEVENUES UN ÉLÉMENT CLÉ DANS L'AMÉLIORATION DE LA SÉCURITÉ ET LA COMMODITÉ DES PASSEPORTS ET DES CARTES DE CRÉDIT. UTILISANT LA COMMUNICATION PAR RADIOFRÉQUENCE, CES PUCES STOCKENT ET TRANSMETTENT DES INFORMATIONS SANS CONTACT, PERMETTANT UNE LECTURE RAPIDE ET SÉCURISÉE. DANS LES PASSEPORTS, LES PUCES RFID CONTIENNENT DES DONNÉES BIOGRAPHIQUES ET BIOMÉTRIQUES, RENFORÇANT LES MESURES DE SÉCURITÉ AUX FRONTIÈRES. POUR LES CARTES DE CRÉDIT, CETTE TECHNOLOGIE FACILITE LES TRANSACTIONS SANS CONTACT, RENDANT LES PAIEMENTS PLUS RAPIDES ET PLUS PRATIQUES TOUT EN OFFRANT UNE COUCHE SUPPLÉMENTAIRE DE SÉCURITÉ GRÂCE À L'ENCODAGE DES DONNÉES. L'INTÉGRATION DES PUCES RFID DANS CES DOCUMENTS ESSENTIELS A CONSIDÉRABLEMENT AMÉLIORÉ L'EFFICACITÉ DES VÉRIFICATIONS DE SÉCURITÉ ET L'EXPÉRIENCE UTILISATEUR, REFLÉTANT L'IMPORTANCE CROISSANTE DE LA TECHNOLOGIE NUMÉRIQUE DANS LA PROTECTION ET LA FACILITATION DE NOS ACTIVITÉS QUOTIDIENNES.

54

WI-FI 802.11

LA NORME WI-FI 802.11, ÉTABLIE EN 1997, A POSÉ LES FONDATIONS POUR LA PROLIFÉRATION DES RÉSEAUX SANS FIL À TRAVERS LE MONDE. CETTE NORME DÉFINIT LES PROTOCOLES PERMETTANT AUX APPAREILS DE COMMUNIQUER SANS FIL, OFFRANT UNE ALTERNATIVE FLEXIBLE ET PRATIQUE AUX RÉSEAUX CÂBLÉS. DEPUIS SON INTRODUCTION, LE WI-FI A RÉVOLUTIONNÉ LA MANIÈRE DONT NOUS ACCÉDONS À INTERNET, PERMETTANT UNE CONNECTIVITÉ MOBILE DANS LES MAISONS, LES BUREAUX, ET LES ESPACES PUBLICS. LES MISES À JOUR SUCCESSIVES DE LA NORME 802.11 ONT APPORTÉ DES AMÉLIORATIONS SIGNIFICATIVES EN TERMES DE VITESSE, DE PORTÉE ET DE SÉCURITÉ, SOUTENANT L'ÉVOLUTION DES USAGES D'INTERNET, TELS QUE LE STREAMING DE CONTENU EN HAUTE DÉFINITION, LES JEUX EN LIGNE ET LA DOMOTIQUE. L'ÉTABLISSEMENT DE LA NORME WI-FI A ÉTÉ UN MOTEUR CLÉ DE L'ÈRE NUMÉRIQUE, CONNECTANT LE MONDE DE MANIÈRE SANS PRÉCÉDENT ET FACILITANT L'ACCÈS À L'INFORMATION, AUX SERVICES ET AUX DIVERTISSEMENTS.

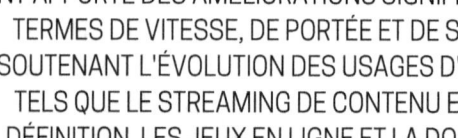
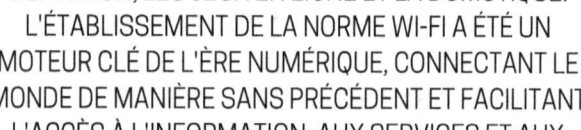

55

ÉCOUTEURS BLUETOOTH

EN 2000, L'INTRODUCTION DES PREMIERS ÉCOUTEURS BLUETOOTH A MARQUÉ UN TOURNANT DANS LA MANIÈRE DONT NOUS INTERAGISSONS AVEC NOS APPAREILS AUDIO. CETTE TECHNOLOGIE SANS FIL A LIBÉRÉ LES UTILISATEURS DES CONTRAINTES DES CÂBLES, OFFRANT UNE NOUVELLE LIBERTÉ DE MOUVEMENT ET DE COMMODITÉ. QUE CE SOIT POUR ÉCOUTER DE LA MUSIQUE, PASSER DES APPELS TÉLÉPHONIQUES OU ACCÉDER À DES ASSISTANTS VOCAUX, LES ÉCOUTEURS BLUETOOTH ONT RENDU CES ACTIVITÉS PLUS FLUIDES ET INTÉGRÉES DANS NOTRE VIE QUOTIDIENNE. LEUR POPULARITÉ A INCITÉ LES FABRICANTS À INNOVER CONSTAMMENT, AMÉLIORANT LA QUALITÉ SONORE, LA PORTÉE DE LA CONNEXION, LA RÉDUCTION DE BRUIT, ET L'AUTONOMIE DE LA BATTERIE. AUJOURD'HUI, CES APPAREILS SONT DEVENUS UN ACCESSOIRE ESSENTIEL POUR LES CONSOMMATEURS MOBILES, REFLÉTANT L'IMPORTANCE CROISSANTE DE LA CONNECTIVITÉ SANS FIL DANS NOTRE SOCIÉTÉ NUMÉRIQUE.

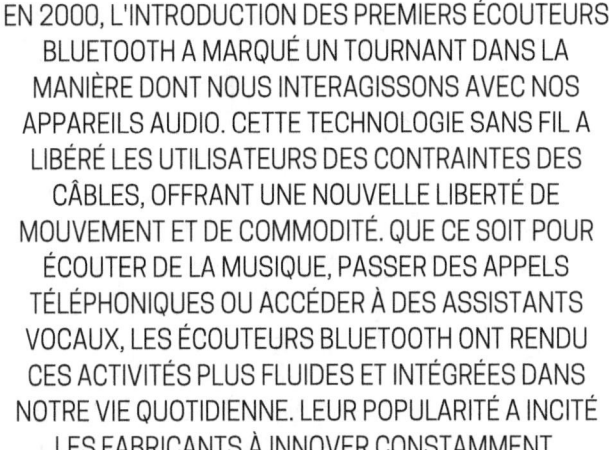

56

SIMULATEUR VOL VR

LA RÉALITÉ VIRTUELLE (VR) A TROUVÉ SES PREMIÈRES APPLICATIONS PRATIQUES DANS LES SIMULATEURS DE VOL DANS LES ANNÉES 1960, SERVANT D'OUTIL DE FORMATION POUR LES PILOTES. CES SIMULATEURS DE VOL AVANCÉS UTILISAIENT LA VR POUR RECRÉER L'ENVIRONNEMENT ET LES SENSATIONS DU VOL, PERMETTANT AUX PILOTES DE S'ENTRAÎNER DE MANIÈRE SÛRE ET CONTRÔLÉE. EN IMMERGEANT TOTALEMENT L'UTILISATEUR DANS UN ENVIRONNEMENT SIMULÉ, LA VR OFFRAIT UNE MÉTHODE DE FORMATION RÉVOLUTIONNAIRE QUI POUVAIT SIMULER DES CONDITIONS DE VOL VARIÉES ET DES SITUATIONS D'URGENCE, SANS LES RISQUES ASSOCIÉS AU VOL RÉEL. CETTE APPLICATION PRÉCOCE DE LA VR A NON SEULEMENT AMÉLIORÉ LA SÉCURITÉ ET L'EFFICACITÉ DE LA FORMATION DES PILOTES MAIS A ÉGALEMENT PAVÉ LA VOIE À L'UTILISATION DE LA RÉALITÉ VIRTUELLE DANS D'AUTRES DOMAINES TELS QUE LA MÉDECINE, L'ÉDUCATION ET L'ENTRAÎNEMENT MILITAIRE, EXPLOITANT SON POTENTIEL POUR FOURNIR DES EXPÉRIENCES D'APPRENTISSAGE IMMERSIVES ET INTERACTIVES.

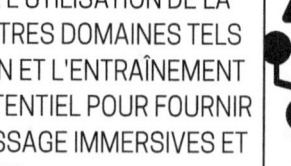

57

ÉLECTRONIQUE IMPRIMABLE

L'ÉMERGENCE DE L'ÉLECTRONIQUE IMPRIMABLE DANS LES ANNÉES 2000 A OUVERT DE NOUVELLES AVENUES DANS LA CONCEPTION ET LA FABRICATION DE DISPOSITIFS ÉLECTRONIQUES. CETTE TECHNOLOGIE PERMET DE DÉPOSER DES MATÉRIAUX CONDUCTEURS, SEMI-CONDUCTEURS OU ISOLANTS SUR DES SUBSTRATS FLEXIBLES EN UTILISANT DES TECHNIQUES D'IMPRESSION, RENDANT POSSIBLE LA PRODUCTION DE CIRCUITS ÉLECTRONIQUES LÉGERS, FLEXIBLES ET À COÛT RÉDUIT. L'ÉLECTRONIQUE IMPRIMABLE A TROUVÉ DES APPLICATIONS DANS DIVERS DOMAINES, TELS QUE LES ÉCRANS FLEXIBLES, L'ÉCLAIRAGE OLED, LES PANNEAUX SOLAIRES SOUPLES, ET LES CAPTEURS POUR VÊTEMENTS INTELLIGENTS. ELLE OFFRE DES AVANTAGES SIGNIFICATIFS EN TERMES DE PERSONNALISATION, DE RAPIDITÉ DE PRODUCTION ET DE RÉDUCTION DES DÉCHETS, CONTRIBUANT À L'INNOVATION DANS LE DOMAINE DE L'ÉLECTRONIQUE PORTABLE, DE L'INTERNET DES OBJETS (IOT) ET AU-DELÀ. L'ÉVOLUTION CONTINUE DE L'ÉLECTRONIQUE IMPRIMABLE PROMET DE RÉVOLUTIONNER LA MANIÈRE DONT LES DISPOSITIFS ÉLECTRONIQUES SONT CONÇUS, INTÉGRÉS ET UTILISÉS DANS NOTRE ENVIRONNEMENT QUOTIDIEN.

58

DISQUES BLU-RAY

LES DISQUES BLU-RAY, INTRODUITS EN 2006, ONT MARQUÉ UNE AVANCÉE SIGNIFICATIVE DANS LA TECHNOLOGIE DE STOCKAGE OPTIQUE, OFFRANT UNE CAPACITÉ DE STOCKAGE BIEN SUPÉRIEURE À CELLE DES DVD TRADITIONNELS. CAPABLES DE STOCKER JUSQU'À 25 GO DE DONNÉES SUR UNE COUCHE SIMPLE ET 50 GO SUR UNE DOUBLE COUCHE, LES DISQUES BLU-RAY ONT PERMIS LA DIFFUSION DE VIDÉOS EN HAUTE DÉFINITION (HD) ET EN ULTRA HAUTE DÉFINITION (UHD), RÉPONDANT AINSI À LA DEMANDE CROISSANTE DE CONTENUS DE MEILLEURE QUALITÉ. CETTE AUGMENTATION DE CAPACITÉ A ÉTÉ RÉALISÉE GRÂCE À L'UTILISATION D'UN LASER BLEU-VIOLET, PLUS PRÉCIS QUE LE LASER ROUGE DES DVD, PERMETTANT DE LIRE DES INFORMATIONS PLUS DENSÉMENT STOCKÉES. LES DISQUES BLU-RAY ONT NON SEULEMENT AMÉLIORÉ L'EXPÉRIENCE VISUELLE DES FILMS À DOMICILE GRÂCE À UNE MEILLEURE QUALITÉ D'IMAGE ET DE SON MAIS ONT ÉGALEMENT INFLUENCÉ LE DÉVELOPPEMENT DE JEUX VIDÉO ET DE SYSTÈMES DE STOCKAGE DE DONNÉES DE GRANDE CAPACITÉ.

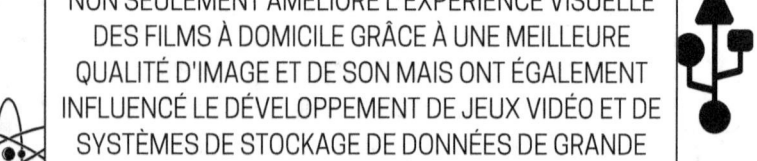

59

CAPTEURS MEMS

LES CAPTEURS MEMS (MICROELECTROMECHANICAL SYSTEMS) REPRÉSENTENT UNE TECHNOLOGIE RÉVOLUTIONNAIRE QUI A PERMIS LE DÉVELOPPEMENT D'APPAREILS ÉLECTRONIQUES PLUS PETITS, PLUS LÉGERS ET PLUS INTELLIGENTS. INTÉGRANT DES ÉLÉMENTS MÉCANIQUES, DES CAPTEURS, DES ACTIONNEURS ET DE L'ÉLECTRONIQUE SUR UNE MICROÉCHELLE, LES MEMS ONT TROUVÉ DES APPLICATIONS DANS UNE VARIÉTÉ DE DOMAINES, ALLANT DES SMARTPHONES ET DES TABLETTES AUX DISPOSITIFS MÉDICAUX ET AUX SYSTÈMES DE SÉCURITÉ AUTOMOBILE. CES CAPTEURS PEUVENT MESURER UNE GAMME ÉTENDUE DE PHÉNOMÈNES PHYSIQUES, TELS QUE LA PRESSION, LA FORCE, LA TEMPÉRATURE ET L'ACCÉLÉRATION, PERMETTANT AUX APPAREILS D'INTERAGIR DE MANIÈRE PLUS INTUITIVE ET EFFICACE AVEC LEUR ENVIRONNEMENT. L'UTILISATION DE LA TECHNOLOGIE MEMS A CONSIDÉRABLEMENT AMÉLIORÉ LES FONCTIONNALITÉS ET LA PERFORMANCE DES APPAREILS ÉLECTRONIQUES PORTABLES, OUVRANT LA VOIE À DE NOUVELLES INNOVATIONS DANS L'INTERNET DES OBJETS (IOT) ET AU-DELÀ.

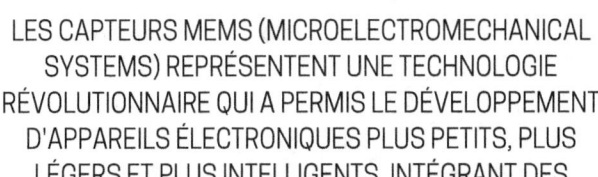

60

APPEL VIDÉO MOBILE

LE PREMIER APPEL VIDÉO MOBILE, RÉALISÉ EN 2005, A MARQUÉ UNE ÉTAPE IMPORTANTE DANS L'ÉVOLUTION DES COMMUNICATIONS MOBILES, INTRODUISANT UNE NOUVELLE DIMENSION À LA FAÇON DONT NOUS INTERAGISSONS À DISTANCE. CETTE AVANCÉE A PERMIS AUX UTILISATEURS DE VOIR LEUR INTERLOCUTEUR EN TEMPS RÉEL PENDANT L'APPEL, AJOUTANT UN ASPECT VISUEL À LA COMMUNICATION VOCALE TRADITIONNELLE. L'INTÉGRATION DE LA VIDÉO DANS LES APPELS MOBILES A AMÉLIORÉ L'EXPÉRIENCE DE COMMUNICATION, RENDANT LES INTERACTIONS PLUS PERSONNELLES ET EXPRESSIVES. CETTE INNOVATION A OUVERT LA VOIE À L'ADOPTION ET À LA POPULARISATION DES SERVICES DE VIDÉOCONFÉRENCE SUR LES SMARTPHONES ET LES TABLETTES, FACILITANT NON SEULEMENT LES APPELS VIDÉO PERSONNELS MAIS AUSSI LES RÉUNIONS PROFESSIONNELLES À DISTANCE. AVEC L'AMÉLIORATION CONTINUE DES RÉSEAUX MOBILES ET DES APPAREILS, LA COMMUNICATION VIDÉO MOBILE EST DEVENUE UNE FONCTIONNALITÉ ESSENTIELLE, TRANSFORMANT LES PRATIQUES DE COMMUNICATION DANS LE MONDE ENTIER.

61

ASSISTANCE PARKING

AU DÉBUT DES ANNÉES 2000, L'INTRODUCTION DES PREMIERS SYSTÈMES D'ASSISTANCE AU STATIONNEMENT A MARQUÉ UNE AVANCÉE SIGNIFICATIVE DANS LES TECHNOLOGIES D'AIDE À LA CONDUITE. UTILISANT DES CAPTEURS ÉLECTRONIQUES ET, DANS CERTAINS CAS, DES CAMÉRAS VIDÉO, CES SYSTÈMES AIDENT LES CONDUCTEURS À MANŒUVRER LEUR VÉHICULE LORS DU STATIONNEMENT EN FOURNISSANT DES INFORMATIONS VISUELLES, SONORES, OU LES DEUX, SUR LA PROXIMITÉ DES OBSTACLES. CETTE INNOVATION A AMÉLIORÉ LA SÉCURITÉ ET LE CONFORT EN RÉDUISANT LE RISQUE DE COLLISIONS ET EN FACILITANT LES MANŒUVRES DANS DES ESPACES RESTREINTS. DEPUIS LEUR INTRODUCTION, LES TECHNOLOGIES D'ASSISTANCE AU STATIONNEMENT SE SONT CONSIDÉRABLEMENT DÉVELOPPÉES, INCLUANT DÉSORMAIS DES FONCTIONNALITÉS AVANCÉES COMME LE STATIONNEMENT AUTOMATIQUE, OÙ LE VÉHICULE PREND EN CHARGE L'INTÉGRALITÉ DU PROCESSUS DE STATIONNEMENT. CES SYSTÈMES ILLUSTRENT COMMENT L'ÉLECTRONIQUE PEUT AMÉLIORER L'INTERACTION ENTRE L'HUMAIN ET LA MACHINE, RENDANT LA CONDUITE PLUS SÛRE ET PLUS AGRÉABLE.

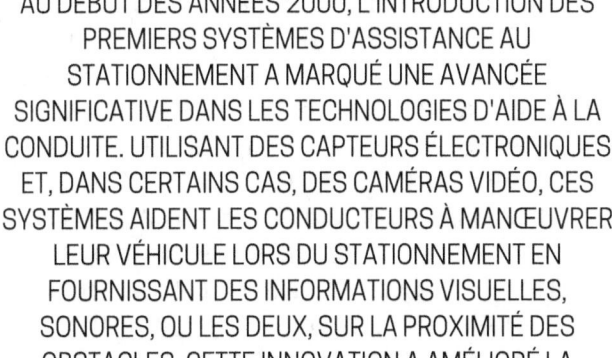

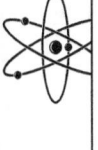

62

ÉCRANS FLEXIBLES

L'ÉMERGENCE DE LA TECHNOLOGIE DES ÉCRANS FLEXIBLES DANS LES ANNÉES 2010 A OUVERT DE NOUVELLES PERSPECTIVES DANS LA CONCEPTION ET LA FONCTIONNALITÉ DES APPAREILS ÉLECTRONIQUES. CES ÉCRANS, QUI PEUVENT ÊTRE PLIÉS OU ENROULÉS SANS ÊTRE ENDOMMAGÉS, REPOSENT SUR L'UTILISATION DE MATÉRIAUX ORGANIQUES ÉLECTROLUMINESCENTS ET DE SUBSTRATS FLEXIBLES. ILS ONT PERMIS DE CONCEVOIR DES SMARTPHONES, DES MONTRES INTELLIGENTES ET D'AUTRES APPAREILS AVEC DES FORMES INNOVANTES, Y COMPRIS DES ÉCRANS PLIABLES ET ENROULABLES, OFFRANT AUX UTILISATEURS UNE EXPÉRIENCE VISUELLE AMÉLIORÉE ET UNE PLUS GRANDE PORTABILITÉ. LA FLEXIBILITÉ OUVRE ÉGALEMENT LA VOIE À DE NOUVELLES APPLICATIONS, TELLES QUE DES ÉCRANS DÉPLOYABLES ET DES DISPOSITIFS PORTABLES INTÉGRÉS DANS LES VÊTEMENTS. CETTE TECHNOLOGIE REFLÈTE LA TENDANCE CROISSANTE VERS DES APPAREILS PLUS ADAPTATIFS ET PERSONNALISABLES, CHANGEANT NOTRE INTERACTION AVEC LA TECHNOLOGIE NUMÉRIQUE.

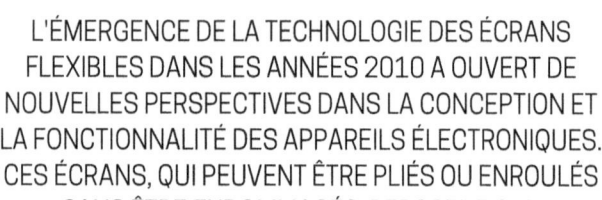

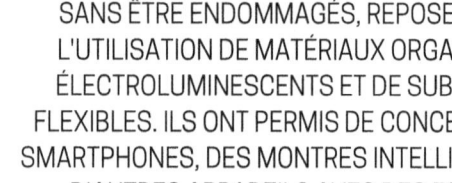

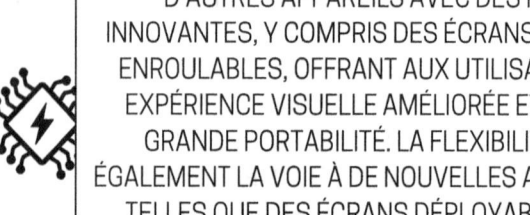

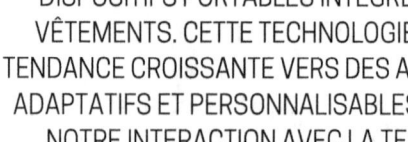

63

ÉLECTRONIQUE QUANTIQUE

L'ÉLECTRONIQUE QUANTIQUE EST UN DOMAINE DE RECHERCHE PASSIONNANT QUI EXPLORE COMMENT LES PROPRIÉTÉS ET LES PHÉNOMÈNES DE LA MÉCANIQUE QUANTIQUE, TELS QUE LA SUPERPOSITION ET L'INTRICATION, PEUVENT ÊTRE EXPLOITÉS DANS LA CONCEPTION DE DISPOSITIFS ÉLECTRONIQUES. CETTE APPROCHE PROMET DE RÉVOLUTIONNER L'INFORMATIQUE, LA COMMUNICATION ET LA DÉTECTION EN PERMETTANT LE DÉVELOPPEMENT DE TECHNOLOGIES AVEC DES CAPACITÉS SURPASSANT DE LOIN CELLES DES DISPOSITIFS CLASSIQUES. UN EXEMPLE NOTABLE EST L'ORDINATEUR QUANTIQUE, QUI, GRÂCE À LA MANIPULATION D'UNITÉS D'INFORMATION QUANTIQUE (QUBITS), POURRAIT RÉSOUDRE CERTAINS PROBLÈMES BEAUCOUP PLUS RAPIDEMENT QUE LES ORDINATEURS TRADITIONNELS. MALGRÉ LES DÉFIS TECHNIQUES CONSIDÉRABLES À SURMONTER, LES PROGRÈS DANS CE DOMAINE POURRAIENT MENER À DES AVANCÉES MAJEURES DANS DIVERS SECTEURS, Y COMPRIS LA CRYPTOGRAPHIE, LA RECHERCHE PHARMACEUTIQUE ET L'INTELLIGENCE ARTIFICIELLE, EN EXPLOITANT LES PROPRIÉTÉS UNIQUES DU MONDE QUANTIQUE POUR RÉALISER DES TÂCHES JUSQU'ALORS INIMAGINABLES.

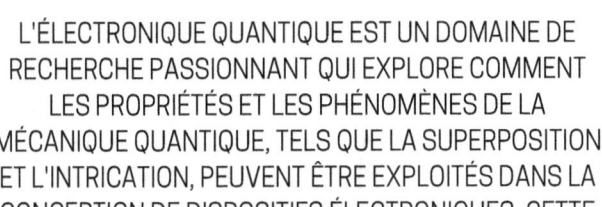
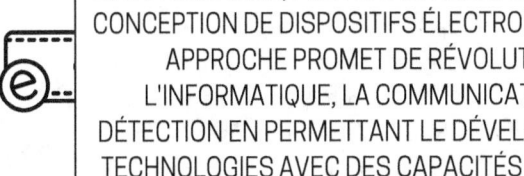
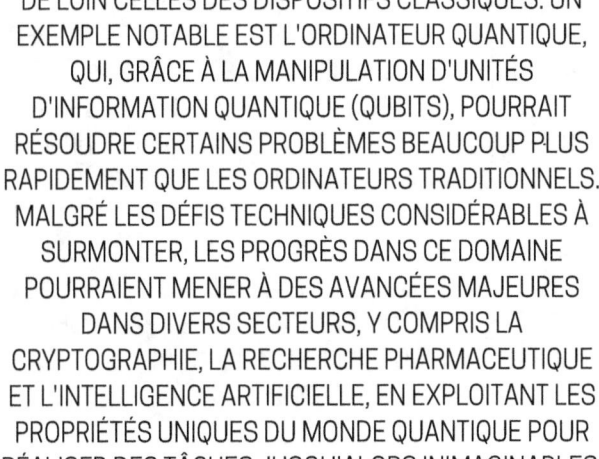

NORME HDMI

LE DÉVELOPPEMENT DE LA NORME HDMI (HIGH-DEFINITION MULTIMEDIA INTERFACE) EN 2002 A REPRÉSENTÉ UN PROGRÈS SIGNIFICATIF DANS LE DOMAINE DES TECHNOLOGIES AUDIOVISUELLES. EN FOURNISSANT UNE INTERFACE UNIQUE POUR LA TRANSMISSION NON COMPRESSÉE DE DONNÉES AUDIO ET VIDÉO NUMÉRIQUES, HDMI A SIMPLIFIÉ LA CONNEXION ENTRE APPAREILS TOUT EN OFFRANT UNE QUALITÉ SUPÉRIEURE DE SON ET D'IMAGE. CETTE NORME A PERMIS UNE TRANSITION FLUIDE VERS LA HAUTE DÉFINITION DANS LES FOYERS, EN CONNECTANT FACILEMENT LES TÉLÉVISEURS À DIVERS APPAREILS TELS QUE LES LECTEURS BLU-RAY, LES CONSOLES DE JEUX VIDÉO ET LES SYSTÈMES DE CINÉMA MAISON. AVEC LE SOUTIEN DE MULTIPLES CANAUX AUDIO, HDMI A ÉGALEMENT AMÉLIORÉ L'EXPÉRIENCE SONORE, PERMETTANT UN SON SURROUND IMMERSIF. L'INTRODUCTION DE HDMI A MARQUÉ UNE ÉVOLUTION MAJEURE DANS LA MANIÈRE DONT LE CONTENU AUDIOVISUEL EST PARTAGÉ ET APPRÉCIÉ, ASSURANT UNE COMPATIBILITÉ ET UNE QUALITÉ OPTIMALES.

65

DRONES LOISIR

L'ESSOR DES DRONES DE LOISIR DANS LES ANNÉES 2010 A OUVERT DE NOUVELLES AVENUES POUR LA PHOTOGRAPHIE, LE CINÉMA ET LE DIVERTISSEMENT, TRANSFORMANT LES HOBBIES ET LES PRATIQUES PROFESSIONNELLES. CES DISPOSITIFS VOLANTS TÉLÉCOMMANDÉS, ÉQUIPÉS DE CAMÉRAS HAUTE RÉSOLUTION, ONT RENDU LA PHOTOGRAPHIE AÉRIENNE ET LA VIDÉOGRAPHIE ACCESSIBLES À UN LARGE PUBLIC, PERMETTANT DE CAPTURER DES IMAGES ET DES VIDÉOS SPECTACULAIRES DEPUIS LES AIRS. POUR LES AMATEURS DE PHOTOGRAPHIE ET LES CINÉASTES, LES DRONES OFFRENT UNE PERSPECTIVE UNIQUE ET LA POSSIBILITÉ D'EXPLORER DES ANGLES CRÉATIFS AUTREMENT INACCESSIBLES. DANS LE DOMAINE DU DIVERTISSEMENT, LES DRONES ONT ÉTÉ UTILISÉS POUR RÉALISER DES PRISES DE VUE INNOVANTES DANS LES FILMS ET LES VIDÉOS MUSICALES, AINSI QUE POUR DES SPECTACLES DE LUMIÈRE AÉRIENS. LA POPULARITÉ CROISSANTE DES DRONES DE LOISIR A ÉGALEMENT STIMULÉ LE DÉVELOPPEMENT DE RÉGLEMENTATIONS POUR GARANTIR UNE UTILISATION SÛRE ET RESPONSABLE DE L'ESPACE AÉRIEN.

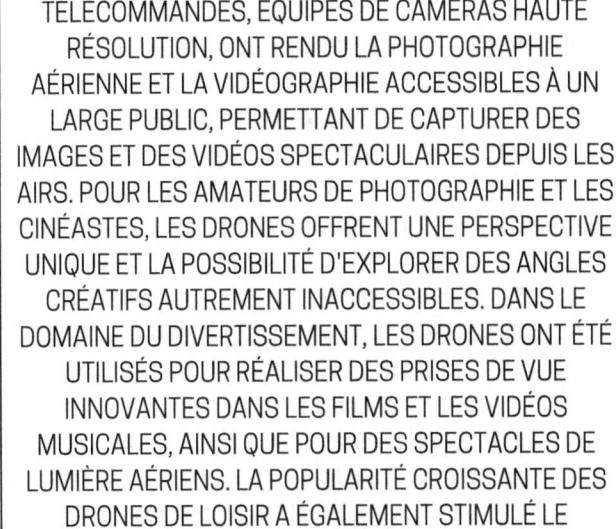

66

MONTRE PEBBLE

LA MONTRE INTELLIGENTE PEBBLE, LANCÉE EN 2013 GRÂCE À UNE CAMPAGNE KICKSTARTER RECORD, A MARQUÉ UN TOURNANT DANS L'ÉVOLUTION DES WEARABLES TECHNOLOGIQUES. EN RECUEILLANT UN SOUTIEN FINANCIER SANS PRÉCÉDENT DE LA PART DE LA COMMUNAUTÉ EN LIGNE, PEBBLE A DÉMONTRÉ L'INTÉRÊT CONSIDÉRABLE DU PUBLIC POUR DES DISPOSITIFS PORTABLES INTELLIGENTS. LA MONTRE OFFRAIT DES FONCTIONNALITÉS TELLES QUE LA NOTIFICATION DES MESSAGES, LE SUIVI DE L'ACTIVITÉ PHYSIQUE ET LA PERSONNALISATION DES CADRANS, TOUT EN MAINTENANT UNE AUTONOMIE DE BATTERIE DE PLUSIEURS JOURS, SE DÉMARQUANT AINSI DES PRODUITS CONCURRENTS DE L'ÉPOQUE. SON SUCCÈS A NON SEULEMENT VALIDÉ LE CONCEPT DE MONTRE INTELLIGENTE AUPRÈS DU GRAND PUBLIC MAIS A ÉGALEMENT STIMULÉ L'INNOVATION ET LA CONCURRENCE DANS LE SECTEUR, CONDUISANT AU DÉVELOPPEMENT RAPIDE DE TECHNOLOGIES PORTABLES PLUS AVANCÉES. PEBBLE A POSÉ LES BASES POUR L'AVENIR DES WEARABLES, SOULIGNANT LEUR POTENTIEL POUR AMÉLIORER ET PERSONNALISER L'EXPÉRIENCE UTILISATEUR QUOTIDIENNE.

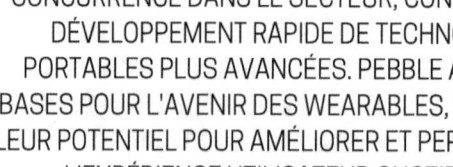

67

ENCEINTES INTELLIGENTES

INTRODUITES EN 2014, LES PREMIÈRES ENCEINTES INTELLIGENTES, NOTAMMENT L'AMAZON ECHO, ONT RÉVOLUTIONNÉ L'INTERACTION HOMME-MACHINE EN POPULARISANT L'USAGE DES ASSISTANTS VOCAUX. CES DISPOSITIFS, ACTIVÉS PAR LA VOIX, PERMETTENT AUX UTILISATEURS D'EFFECTUER UNE MULTITUDE DE TÂCHES TELLES QUE JOUER DE LA MUSIQUE, OBTENIR DES INFORMATIONS MÉTÉOROLOGIQUES, CONTRÔLER DES APPAREILS DOMESTIQUES INTELLIGENTS, ET FAIRE DES ACHATS EN LIGNE, SIMPLEMENT EN PARLANT. LA COMMODITÉ ET LA FACILITÉ D'UTILISATION DES ENCEINTES INTELLIGENTES ONT CONDUIT À LEUR ADOPTION RAPIDE ET GÉNÉRALISÉE, ÉTABLISSANT UNE NOUVELLE NORME POUR L'INTERACTION AVEC LA TECHNOLOGIE NUMÉRIQUE. EN INTÉGRANT L'INTELLIGENCE ARTIFICIELLE (IA) POUR COMPRENDRE ET RÉPONDRE AUX COMMANDES VOCALES, CES APPAREILS ONT NON SEULEMENT AMÉLIORÉ L'ACCESSIBILITÉ TECHNOLOGIQUE MAIS ONT ÉGALEMENT OUVERT DE NOUVELLES PERSPECTIVES POUR L'INTÉGRATION DE L'IA DANS LA VIE QUOTIDIENNE.

68

IA EMBARQUÉE

LE DÉVELOPPEMENT DE L'INTELLIGENCE ARTIFICIELLE (IA) ET DU MACHINE LEARNING AU COURS DES DERNIÈRES DÉCENNIES A TRANSFORMÉ LES CAPACITÉS DES DISPOSITIFS ÉLECTRONIQUES, LES RENDANT PLUS INTELLIGENTS ET PLUS ADAPTATIFS. CES TECHNOLOGIES PERMETTENT AUX APPAREILS DE RECONNAÎTRE DES MODÈLES, D'APPRENDRE DE L'EXPÉRIENCE, ET DE PRENDRE DES DÉCISIONS AVEC UNE INTERVENTION HUMAINE MINIMALE OU NULLE. CETTE ÉVOLUTION A EU UN IMPACT PROFOND SUR UNE MULTITUDE DE DOMAINES, ALLANT DE LA RECONNAISSANCE VOCALE ET VISUELLE DANS LES SMARTPHONES ET LES ENCEINTES INTELLIGENTES À LA PERSONNALISATION DES EXPÉRIENCES UTILISATEUR SUR LES PLATEFORMES DE STREAMING ET LES RÉSEAUX SOCIAUX. L'IA ET LE MACHINE LEARNING ALIMENTENT ÉGALEMENT LES PROGRÈS DANS LES VÉHICULES AUTONOMES, LES SYSTÈMES DE DIAGNOSTIC MÉDICAL, ET LES SOLUTIONS DE GESTION INTELLIGENTE DE L'ÉNERGIE, OUVRANT LA VOIE À DES INNOVATIONS QUI PROMETTENT DE REMODELER NOTRE MONDE.

69

IOT COCA-COLA

L'UN DES PREMIERS EXEMPLES D'UTILISATION COMMERCIALE DE L'INTERNET DES OBJETS (IOT) REMONTE À 1982, AVEC DES DISTRIBUTEURS AUTOMATIQUES DE COCA-COLA À L'UNIVERSITÉ CARNEGIE MELLON QUI ÉTAIENT CONNECTÉS À INTERNET POUR SIGNALER LEUR STOCK ET LA TEMPÉRATURE DES BOISSONS. CETTE INNOVATION PRÉCOCE ILLUSTRE LE CONCEPT FONDAMENTAL DE L'IOT : LA CONNEXION D'OBJETS DU QUOTIDIEN À INTERNET POUR COLLECTER ET ÉCHANGER DES DONNÉES, PERMETTANT UNE GESTION PLUS EFFICACE ET UNE AUTOMATISATION ACCRUE. DEPUIS CET EXEMPLE PIONNIER, L'IOT A CONNU UNE CROISSANCE EXPLOSIVE, INFLUENÇANT PRATIQUEMENT TOUS LES SECTEURS, DE L'INDUSTRIE À L'AGRICULTURE, EN PASSANT PAR LA SANTÉ ET LE BIEN-ÊTRE DOMESTIQUE. L'UTILISATION DE CAPTEURS, DE LOGICIELS ET DE TECHNOLOGIES DE RÉSEAU POUR RELIER DES OBJETS À L'INTERNET A OUVERT DE NOUVELLES POSSIBILITÉS POUR LE SUIVI À DISTANCE, LA MAINTENANCE PRÉDICTIVE ET L'OPTIMISATION DES OPÉRATIONS, DÉMONTRANT L'ÉNORME POTENTIEL DE L'IOT POUR TRANSFORMER LES PROCESSUS COMMERCIAUX ET AMÉLIORER LA VIE QUOTIDIENNE.

70

CHARGE SANS FIL

LES TECHNOLOGIES DE CHARGE SANS FIL, EXPLOITANT
LE PRINCIPE DE L'INDUCTION MAGNÉTIQUE, ONT
GAGNÉ EN POPULARITÉ DANS LES ANNÉES 2010,
OFFRANT UNE ALTERNATIVE PRATIQUE AUX MÉTHODES
DE CHARGE TRADITIONNELLES PAR CÂBLE. CE
SYSTÈME PERMET DE TRANSFÉRER DE L'ÉNERGIE
D'UNE STATION DE CHARGE À UN APPAREIL
ÉLECTRONIQUE SANS NÉCESSITER DE CONNEXION
PHYSIQUE, SIMPLEMENT EN PLAÇANT L'APPAREIL SUR
UN TAPIS OU UN SOCLE DE CHARGE. LA CHARGE SANS
FIL EST DEVENUE PARTICULIÈREMENT COURANTE
POUR LES SMARTPHONES, LES MONTRES
INTELLIGENTES ET LES ÉCOUTEURS, AMÉLIORANT
L'EXPÉRIENCE UTILISATEUR PAR UNE PLUS GRANDE
COMMODITÉ ET RÉDUISANT L'USURE DES PORTS DE
CHARGE. AVEC L'ADOPTION DE STANDARDS
UNIVERSELS COMME QI, LA TECHNOLOGIE DE CHARGE
SANS FIL S'EST ÉTENDUE À UNE GAMME PLUS LARGE
D'APPAREILS, FAVORISANT SON INTÉGRATION DANS
DES ESPACES PUBLICS, DES VÉHICULES ET DES
MEUBLES, ET SOULIGNANT SON RÔLE CROISSANT
DANS L'ÉCOSYSTÈME DES DISPOSITIFS
ÉLECTRONIQUES MODERNES.

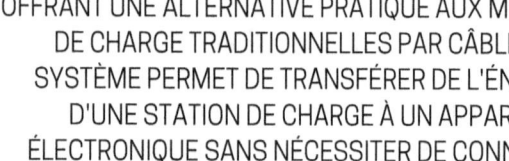

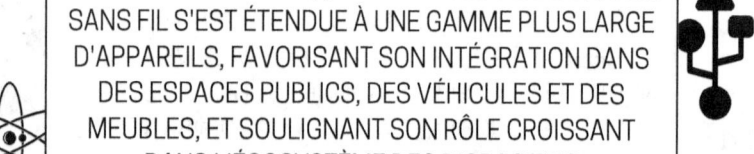

71

CONCEPT IOT

LE TERME "INTERNET DES OBJETS" (IOT) A ÉTÉ PROPOSÉ POUR LA PREMIÈRE FOIS EN 1999 PAR KEVIN ASHTON, CO-FONDATEUR DU CENTRE AUTO-ID AU MIT, POUR DÉCRIRE UN SYSTÈME OÙ LES OBJETS DU QUOTIDIEN SONT CONNECTÉS À INTERNET VIA DES IDENTIFIANTS UNIQUES, PERMETTANT DE COLLECTER ET D'ÉCHANGER DES DONNÉES SANS INTERVENTION HUMAINE. LE CONCEPT DE L'IOT ENVISAGE UN MONDE OÙ LES APPAREILS PHYSIQUES SONT INTÉGRÉS À L'INFRASTRUCTURE INFORMATIQUE, AMÉLIORANT L'EFFICACITÉ, LA PRÉCISION ET LES BÉNÉFICES ÉCONOMIQUES TOUT EN RÉDUISANT L'INTERVENTION HUMAINE. DEPUIS SA PROPOSITION, L'IOT A CONNU UNE EXPANSION RAPIDE, IMPACTANT DIVERS SECTEURS TELS QUE L'INDUSTRIE MANUFACTURIÈRE, LA SANTÉ, L'AGRICULTURE ET LA GESTION DE L'ÉNERGIE. L'IOT FACILITE LA CRÉATION DE VILLES INTELLIGENTES, AMÉLIORE LA GESTION DES RESSOURCES ET OUVRE DE NOUVELLES POSSIBILITÉS POUR L'INTERACTION ENTRE LES HUMAINS ET LA TECHNOLOGIE, JOUANT UN RÔLE CRUCIAL DANS LA TRANSFORMATION NUMÉRIQUE DE LA SOCIÉTÉ.

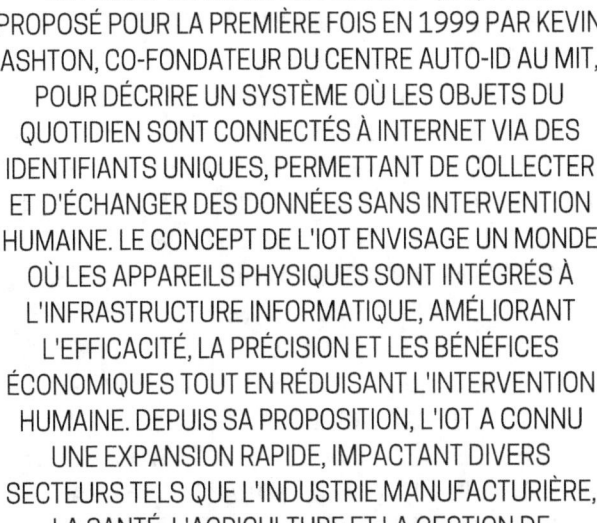

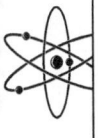

72

RÉSEAUX NEURONES

LES PREMIÈRES EXPÉRIMENTATIONS SUR LES RÉSEAUX DE NEURONES, DES MODÈLES INFORMATIQUES INSPIRÉS PAR LE SYSTÈME NERVEUX CENTRAL DES ANIMAUX ET DESTINÉS À SIMULER LA MANIÈRE DONT LES HUMAINS APPRENNENT, REMONTENT AUX ANNÉES 1950. CES TRAVAUX PIONNIERS ONT JETÉ LES BASES DE CE QUI DEVIENDRAIT L'INTELLIGENCE ARTIFICIELLE (IA) MODERNE. EN TENTANT DE REPRODUIRE LE PROCESSUS DE PENSÉE HUMAIN, LES CHERCHEURS ONT CONÇU DES ALGORITHMES CAPABLES D'APPRENDRE ET DE PRENDRE DES DÉCISIONS DE MANIÈRE AUTONOME. LES RÉSEAUX DE NEURONES ONT PROUVÉ LEUR CAPACITÉ À EFFECTUER DES TÂCHES COMPLEXES TELLES QUE LA RECONNAISSANCE DE FORMES ET DE LANGAGE, EN TRAITANT DE GRANDES QUANTITÉS DE DONNÉES ET EN IDENTIFIANT DES MODÈLES SUBTILS. MALGRÉ DES PÉRIODES D'ENTHOUSIASME ALTERNÉES AVEC DES PÉRIODES DE SCEPTICISME, LES RECHERCHES DANS LES RÉSEAUX DE NEURONES ONT CONTINUÉ À ÉVOLUER, CONDUISANT AU DÉVELOPPEMENT RÉCENT DE L'APPRENTISSAGE PROFOND (DEEP LEARNING), QUI A RÉVOLUTIONNÉ LA CAPACITÉ DES MACHINES À ANALYSER ET À INTERPRÉTER DES DONNÉES COMPLEXES DANS DIVERS DOMAINES.

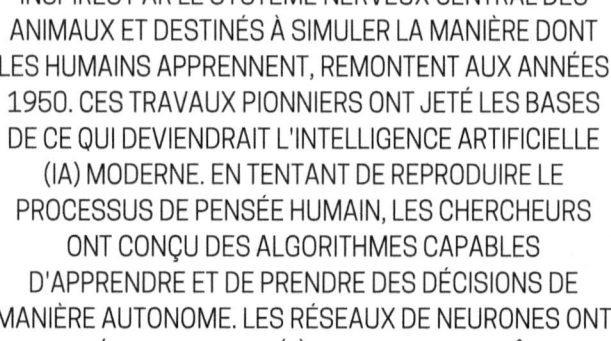

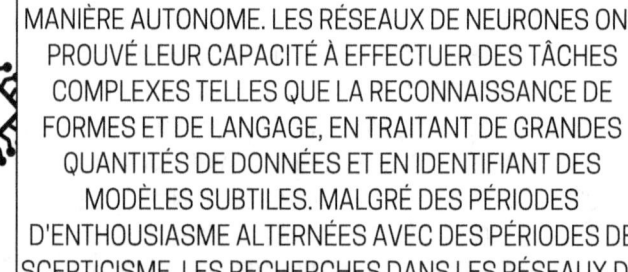

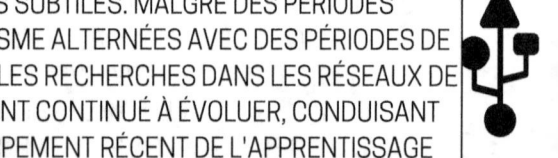

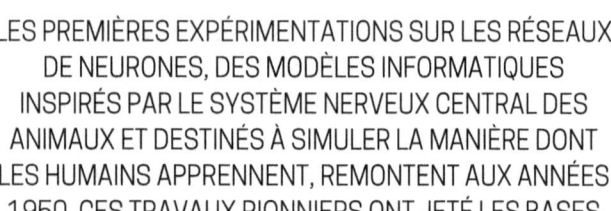

73

STOCKAGE CLOUD

AVEC L'AVÈNEMENT DU STOCKAGE CLOUD DANS LES ANNÉES 2000, LES UTILISATEURS ONT PU BÉNÉFICIER D'UNE NOUVELLE MANIÈRE DE STOCKER, ACCÉDER ET GÉRER LEURS DONNÉES. CETTE TECHNOLOGIE PERMET DE SAUVEGARDER DES FICHIERS SUR DES SERVEURS INTERNET PLUTÔT QUE SUR LE DISQUE DUR D'UN ORDINATEUR LOCAL, OFFRANT AINSI UN ACCÈS FACILE AUX INFORMATIONS DEPUIS N'IMPORTE QUEL APPAREIL CONNECTÉ À INTERNET. LA POPULARITÉ DU STOCKAGE CLOUD S'EST ACCRUE GRÂCE À SA COMMODITÉ, SA CAPACITÉ À FACILITER LE PARTAGE DE FICHIERS ET LA COLLABORATION EN TEMPS RÉEL, AINSI QUE LA PROTECTION CONTRE LA PERTE DE DONNÉES DUE À DES DÉFAILLANCES MATÉRIELLES. DES SERVICES TELS QUE GOOGLE DRIVE, DROPBOX ET ICLOUD SONT DEVENUS ESSENTIELS POUR LES PARTICULIERS ET LES ENTREPRISES, SIMPLIFIANT LA GESTION DES DONNÉES ET SOUTENANT LA MOBILITÉ ET LE TRAVAIL À DISTANCE. LE STOCKAGE CLOUD A TRANSFORMÉ LA FAÇON DONT LES DONNÉES SONT STOCKÉES ET ACCÉDÉES, JOUANT UN RÔLE CRUCIAL DANS L'ÉCONOMIE NUMÉRIQUE.

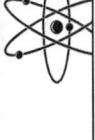

74

ÉLECTRONIQUE ORGANIQUE

LE DÉVELOPPEMENT DE L'ÉLECTRONIQUE ORGANIQUE A MARQUÉ UNE AVANCÉE SIGNIFICATIVE DANS LA FABRICATION DE DISPOSITIFS ÉLECTRONIQUES. EN UTILISANT DES COMPOSÉS ORGANIQUES SEMI-CONDUCTEURS, CETTE TECHNOLOGIE A PERMIS LA PRODUCTION DE COMPOSANTS ÉLECTRONIQUES FLEXIBLES, LÉGERS ET POTENTIELLEMENT MOINS COÛTEUX QUE LEURS HOMOLOGUES INORGANIQUES TRADITIONNELS. L'ÉLECTRONIQUE ORGANIQUE A OUVERT LA VOIE À UNE VARIÉTÉ D'APPLICATIONS INNOVANTES, TELLES QUE LES ÉCRANS FLEXIBLES ET PLIABLES, L'ÉCLAIRAGE OLED, LES PANNEAUX SOLAIRES ORGANIQUES ET L'ÉLECTRONIQUE PORTABLE. CES DISPOSITIFS PEUVENT ÊTRE IMPRIMÉS SUR DIVERS SUBSTRATS FLEXIBLES, Y COMPRIS DU PLASTIQUE, DU PAPIER ET DU TISSU, OUVRANT DE NOUVELLES POSSIBILITÉS POUR L'INTÉGRATION DE LA TECHNOLOGIE DANS LA VIE QUOTIDIENNE. CETTE FLEXIBILITÉ ET CETTE ACCESSIBILITÉ ONT LE POTENTIEL DE TRANSFORMER DE NOMBREUX SECTEURS, DE L'ÉLECTRONIQUE GRAND PUBLIC À L'ÉNERGIE RENOUVELABLE, EN RENDANT LA TECHNOLOGIE PLUS ADAPTABLE AUX BESOINS DES UTILISATEURS.

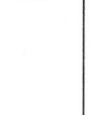

75

POSITIONNEMENT INDOOR

LES SYSTÈMES DE POSITIONNEMENT INDOOR ONT
ÉMERGÉ COMME UNE SOLUTION TECHNOLOGIQUE CLÉ
POUR AMÉLIORER LA NAVIGATION ET LA LOCALISATION
À L'INTÉRIEUR DES BÂTIMENTS, OÙ LES SIGNAUX GPS
TRADITIONNELS SONT SOUVENT INDISPONIBLES OU
IMPRÉCIS. EN EXPLOITANT DES TECHNOLOGIES TELLES
QUE LE WI-FI, LE BLUETOOTH ET LES BALISES
ULTRASONORES, CES SYSTÈMES PERMETTENT DE
DÉTERMINER LA POSITION D'UN APPAREIL OU D'UNE
PERSONNE AVEC UNE GRANDE PRÉCISION. CETTE
CAPACITÉ A TROUVÉ DES APPLICATIONS VARIÉES,
ALLANT DE L'AIDE À LA NAVIGATION DANS LES GRANDS
ESPACES PUBLICS, COMME LES AÉROPORTS ET LES
CENTRES COMMERCIAUX, À LA GESTION DES ACTIFS ET
À LA LOCALISATION EN TEMPS RÉEL DANS LES
HÔPITAUX ET LES ENTREPÔTS. LES SYSTÈMES DE
POSITIONNEMENT INDOOR AMÉLIORENT L'EXPÉRIENCE
UTILISATEUR EN FOURNISSANT DES INFORMATIONS
CONTEXTUELLES ET EN SOUTENANT DES SERVICES
BASÉS SUR LA LOCALISATION, TELS QUE LE
MARKETING CIBLÉ ET LE GUIDAGE PERSONNALISÉ,
JOUANT UN RÔLE IMPORTANT DANS L'AVÈNEMENT
DES BÂTIMENTS INTELLIGENTS ET DES VILLES
INTELLIGENTES.

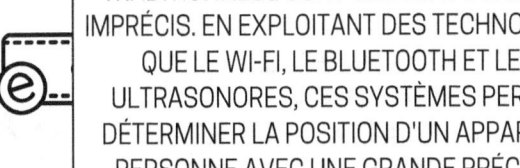

76

SMART CITIES

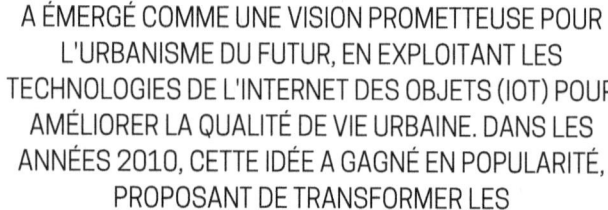

LE CONCEPT DE VILLES INTELLIGENTES (SMART CITIES) A ÉMERGÉ COMME UNE VISION PROMETTEUSE POUR L'URBANISME DU FUTUR, EN EXPLOITANT LES TECHNOLOGIES DE L'INTERNET DES OBJETS (IOT) POUR AMÉLIORER LA QUALITÉ DE VIE URBAINE. DANS LES ANNÉES 2010, CETTE IDÉE A GAGNÉ EN POPULARITÉ, PROPOSANT DE TRANSFORMER LES INFRASTRUCTURES URBAINES GRÂCE À LA COLLECTE ET À L'ANALYSE DE DONNÉES EN TEMPS RÉEL POUR OPTIMISER LES SERVICES TELS QUE LE TRANSPORT, L'ÉNERGIE, L'EAU ET LES DÉCHETS. L'OBJECTIF EST DE RENDRE LES VILLES PLUS EFFICACES, DURABLES ET AGRÉABLES POUR LEURS HABITANTS. LES TECHNOLOGIES IOT PERMETTENT UNE GESTION INTELLIGENTE DES RESSOURCES, UNE MEILLEURE RÉPONSE AUX BESOINS DES CITOYENS ET UNE RÉDUCTION DE L'EMPREINTE ÉCOLOGIQUE DES VILLES. LES PROJETS DE VILLES INTELLIGENTES ENVISAGENT DES SOLUTIONS INNOVANTES TELLES QUE L'ÉCLAIRAGE PUBLIC ADAPTABLE, LES SYSTÈMES DE TRANSPORT INTELLIGENTS ET LES BÂTIMENTS ÉCONOMES EN ÉNERGIE, OUVRANT LA VOIE À DES COMMUNAUTÉS URBAINES PLUS RÉSILIENTES ET INCLUSIVES.

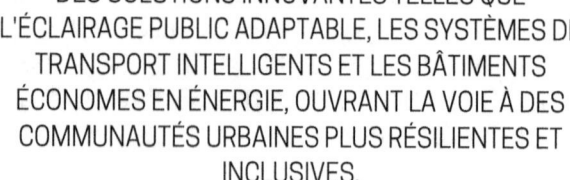

77

LI-FI

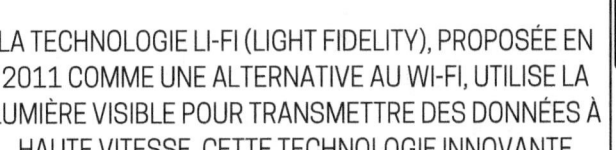

LA TECHNOLOGIE LI-FI (LIGHT FIDELITY), PROPOSÉE EN 2011 COMME UNE ALTERNATIVE AU WI-FI, UTILISE LA LUMIÈRE VISIBLE POUR TRANSMETTRE DES DONNÉES À HAUTE VITESSE. CETTE TECHNOLOGIE INNOVANTE PERMET LA COMMUNICATION SANS FIL EN MODULANT LA LUMIÈRE ÉMISE PAR DES LED, INAPERÇUE À L'ŒIL HUMAIN, POUR TRANSMETTRE L'INFORMATION. LE LI-FI OFFRE PLUSIEURS AVANTAGES PAR RAPPORT AU WI-FI TRADITIONNEL, NOTAMMENT UNE BANDE PASSANTE POTENTIELLEMENT PLUS LARGE, UNE SÉCURITÉ ACCRUE (LA LUMIÈRE NE PEUT PAS TRAVERSER LES MURS, LIMITANT AINSI L'ACCÈS AU RÉSEAU), ET L'ÉLIMINATION DES INTERFÉRENCES AVEC D'AUTRES ÉQUIPEMENTS ÉLECTRONIQUES. BIEN QUE LE LI-FI SOIT ENCORE EN PHASE DE DÉVELOPPEMENT ET DE DÉPLOIEMENT, SES APPLICATIONS PROMETTEUSES INCLUENT LES ENVIRONNEMENTS HAUTEMENT SÉCURISÉS, LES HÔPITAUX, ET LES ZONES OÙ LES SIGNAUX RADIO SONT LIMITÉS, ILLUSTRANT LE POTENTIEL DE LA LUMIÈRE COMME MOYEN DE COMMUNICATION SANS FIL DE L'AVENIR.

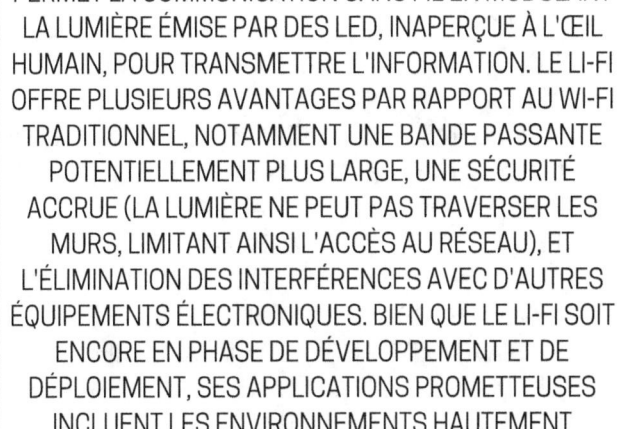

78

ÉCRANS E-INK

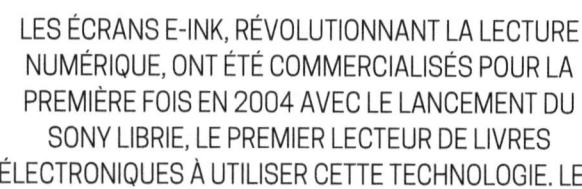

LES ÉCRANS E-INK, RÉVOLUTIONNANT LA LECTURE
NUMÉRIQUE, ONT ÉTÉ COMMERCIALISÉS POUR LA
PREMIÈRE FOIS EN 2004 AVEC LE LANCEMENT DU
SONY LIBRIE, LE PREMIER LECTEUR DE LIVRES
ÉLECTRONIQUES À UTILISER CETTE TECHNOLOGIE. LES
ÉCRANS E-INK REPRODUISENT L'APPARENCE DE
L'ENCRE SUR DU PAPIER, OFFRANT UN CONFORT DE
LECTURE SIMILAIRE À CELUI D'UN LIVRE TRADITIONNEL,
MÊME EN PLEIN SOLEIL. CONTRAIREMENT AUX ÉCRANS
LCD OU OLED, LES ÉCRANS E-INK NE NÉCESSITENT PAS
DE RÉTROÉCLAIRAGE POUR AFFICHER LE TEXTE,
RÉDUISANT CONSIDÉRABLEMENT LA FATIGUE
OCULAIRE ET LA CONSOMMATION D'ÉNERGIE. CELA
PERMET AUX APPAREILS DOTÉS D'ÉCRANS E-INK
D'AVOIR UNE AUTONOMIE DE BATTERIE
EXCEPTIONNELLEMENT LONGUE, IDÉALE POUR LES
LECTEURS ASSIDUS. LA TECHNOLOGIE E-INK A
PROFONDÉMENT INFLUENCÉ LE MARCHÉ DE LA
LECTURE NUMÉRIQUE, RENDANT LES LIVRES
ÉLECTRONIQUES PLUS ACCESSIBLES ET PRATIQUES
POUR LES CONSOMMATEURS ET ENCOURAGEANT
AINSI LA TRANSITION VERS LE NUMÉRIQUE DANS
L'ÉDITION.

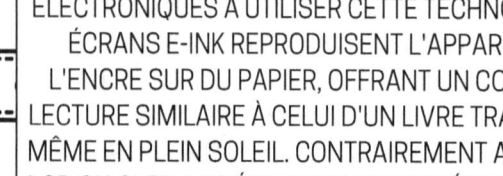

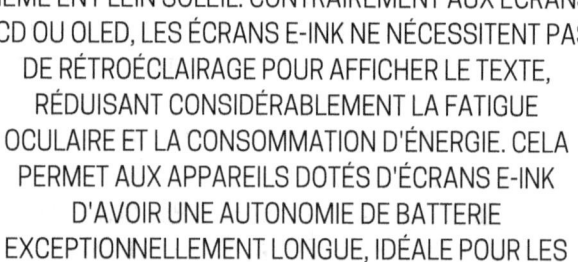

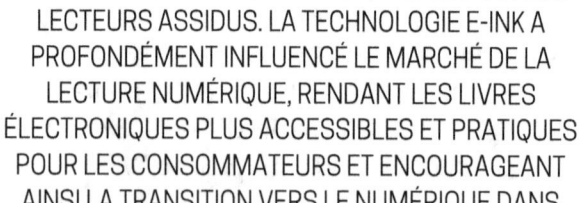

CARTES BANCAIRES

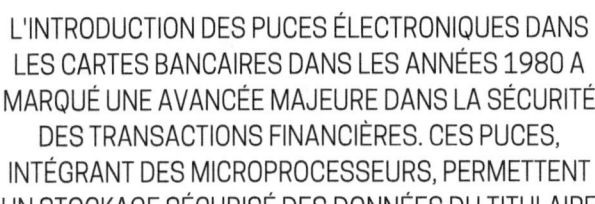

L'INTRODUCTION DES PUCES ÉLECTRONIQUES DANS LES CARTES BANCAIRES DANS LES ANNÉES 1980 A MARQUÉ UNE AVANCÉE MAJEURE DANS LA SÉCURITÉ DES TRANSACTIONS FINANCIÈRES. CES PUCES, INTÉGRANT DES MICROPROCESSEURS, PERMETTENT UN STOCKAGE SÉCURISÉ DES DONNÉES DU TITULAIRE DE LA CARTE ET UNE AUTHENTIFICATION ROBUSTE LORS DES TRANSACTIONS, RÉDUISANT CONSIDÉRABLEMENT LES RISQUES DE FRAUDE PAR RAPPORT AUX CARTES À BANDE MAGNÉTIQUE. LE SYSTÈME DE PUCE ET DE CODE PIN (PERSONAL IDENTIFICATION NUMBER) EXIGE QUE LE TITULAIRE DE LA CARTE SAISISSE UN CODE CONFIDENTIEL POUR VALIDER LA TRANSACTION, AJOUTANT UNE COUCHE SUPPLÉMENTAIRE DE SÉCURITÉ. CETTE TECHNOLOGIE A ÉGALEMENT FACILITÉ L'ADOPTION DE NOUVELLES FONCTIONNALITÉS, COMME LES PAIEMENTS SANS CONTACT, AMÉLIORANT AINSI LA COMMODITÉ POUR LES UTILISATEURS. L'INTRODUCTION DES CARTES À PUCE A DONC NON SEULEMENT RENFORCÉ LA SÉCURITÉ DES PAIEMENTS ÉLECTRONIQUES MAIS A ÉGALEMENT JETÉ LES BASES POUR LES INNOVATIONS FUTURES DANS LE DOMAINE DES TRANSACTIONS NUMÉRIQUES.

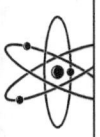

80

NANOTECHNOLOGIE

LE DÉVELOPPEMENT DE LA NANOTECHNOLOGIE, MANIPULANT LA MATIÈRE À UNE ÉCHELLE DE 1 À 100 NANOMÈTRES, A OUVERT DE NOUVELLES FRONTIÈRES DANS LA CRÉATION DE DISPOSITIFS ÉLECTRONIQUES. À CETTE ÉCHELLE NANOMÉTRIQUE, LES MATÉRIAUX PEUVENT PRÉSENTER DES PROPRIÉTÉS PHYSIQUES, CHIMIQUES ET BIOLOGIQUES UNIQUES, PERMETTANT LE DÉVELOPPEMENT DE COMPOSANTS ÉLECTRONIQUES PLUS PETITS, PLUS RAPIDES ET PLUS EFFICACES. CETTE AVANCÉE A DES APPLICATIONS RÉVOLUTIONNAIRES DANS DIVERS DOMAINES, ALLANT DES SEMI-CONDUCTEURS ET CAPTEURS ULTRA-SENSIBLES AUX SYSTÈMES DE DÉLIVRANCE DE MÉDICAMENTS ET À L'ÉNERGIE RENOUVELABLE. LA NANOTECHNOLOGIE PERMET ÉGALEMENT DE CONSTRUIRE DES CIRCUITS ÉLECTRONIQUES D'UNE COMPLEXITÉ ET D'UNE PERFORMANCE INÉGALÉES, CONTRIBUANT À LA MINIATURISATION CONTINUE DES APPAREILS ÉLECTRONIQUES ET À L'AMÉLIORATION DE LEURS CAPACITÉS. EN EXPLOITANT LES POTENTIALITÉS À L'ÉCHELLE NANOMÉTRIQUE, LA NANOTECHNOLOGIE CONTINUE DE POUSSER LES LIMITES DE L'INNOVATION DANS LE SECTEUR ÉLECTRONIQUE ET AU-DELÀ.

81

CAMÉRAS NUMÉRIQUES

EN 2003, UN MOMENT DÉCISIF DANS L'HISTOIRE DE LA PHOTOGRAPHIE S'EST PRODUIT LORSQUE LES VENTES DE CAMÉRAS NUMÉRIQUES ONT SURPASSÉ CELLES DES CAMÉRAS ANALOGIQUES POUR LA PREMIÈRE FOIS. CETTE TRANSITION MARQUAIT LE DÉBUT DE L'ÈRE NUMÉRIQUE EN PHOTOGRAPHIE, CARACTÉRISÉE PAR UNE FACILITÉ DE PRISE DE VUE, UN STOCKAGE PRATIQUE ET LA POSSIBILITÉ DE PARTAGER INSTANTANÉMENT DES IMAGES. LES CAMÉRAS NUMÉRIQUES OFFRENT DES AVANTAGES SIGNIFICATIFS PAR RAPPORT À LEURS HOMOLOGUES ANALOGIQUES, TELS QUE LA VISUALISATION IMMÉDIATE DES PHOTOS, LA CORRECTION D'IMAGES SANS NÉCESSITER UN DÉVELOPPEMENT EN LABORATOIRE ET LA CAPACITÉ À STOCKER DES MILLIERS DE PHOTOS SUR UN SEUL DISPOSITIF DE STOCKAGE. CETTE ÉVOLUTION A NON SEULEMENT RENDU LA PHOTOGRAPHIE PLUS ACCESSIBLE AU GRAND PUBLIC MAIS A ÉGALEMENT TRANSFORMÉ LA PRATIQUE PROFESSIONNELLE, EN PERMETTANT UNE PLUS GRANDE EXPÉRIMENTATION CRÉATIVE ET UNE POST-PRODUCTION FLEXIBLE. L'AVÈNEMENT DES CAMÉRAS NUMÉRIQUES A AINSI PROFONDÉMENT INFLUENCÉ LA MANIÈRE DONT NOUS CAPTURONS, CONSERVONS ET PARTAGEONS NOS SOUVENIRS ET NOS EXPÉRIENCES.

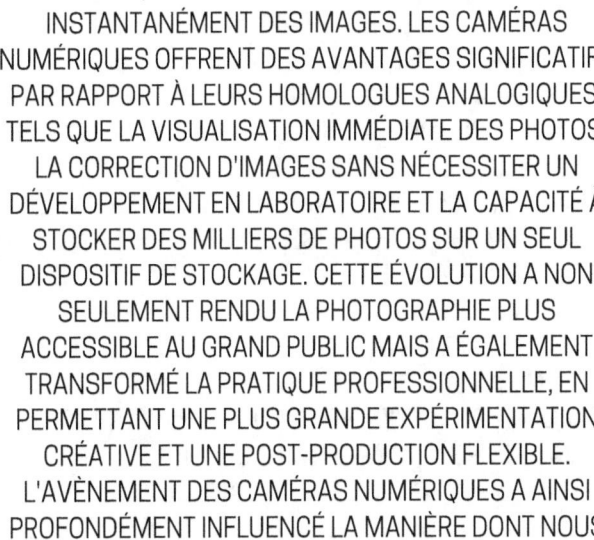

82

CAPTEURS EMPREINTES

L'INTÉGRATION DES CAPTEURS D'EMPREINTES DIGITALES DANS LES SMARTPHONES, DEVENUE COURANTE DANS LES ANNÉES 2010, A SIGNIFICATIVEMENT AMÉLIORÉ LA SÉCURITÉ ET LA COMMODITÉ DES APPAREILS MOBILES. CETTE TECHNOLOGIE PERMET UNE AUTHENTIFICATION BIOMÉTRIQUE RAPIDE ET FIABLE, OFFRANT AUX UTILISATEURS UNE MÉTHODE SÉCURISÉE POUR DÉVERROUILLER LEURS APPAREILS, AUTHENTIFIER DES TRANSACTIONS ET ACCÉDER À DES APPLICATIONS SENSIBLES. CONTRAIREMENT AUX MOTS DE PASSE OU AUX CODES PIN, QUI PEUVENT ÊTRE DEVINÉS OU OUBLIÉS, LES EMPREINTES DIGITALES OFFRENT UN NIVEAU DE SÉCURITÉ UNIQUE ET PERSONNEL. LEUR ADOPTION GÉNÉRALISÉE A NON SEULEMENT RENFORCÉ LA PROTECTION CONTRE L'ACCÈS NON AUTORISÉ MAIS A ÉGALEMENT SIMPLIFIÉ L'EXPÉRIENCE UTILISATEUR, EN ÉLIMINANT LA NÉCESSITÉ DE SAISIR MANUELLEMENT DES INFORMATIONS D'IDENTIFICATION. L'ÉVOLUTION DES CAPTEURS D'EMPREINTES DIGITALES, INTÉGRÉS MAINTENANT SOUS L'ÉCRAN DANS DE NOMBREUX MODÈLES RÉCENTS, TÉMOIGNE DE L'IMPORTANCE CROISSANTE DE LA BIOMÉTRIE DANS LA SÉCURISATION DES TECHNOLOGIES PERSONNELLES.

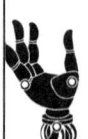

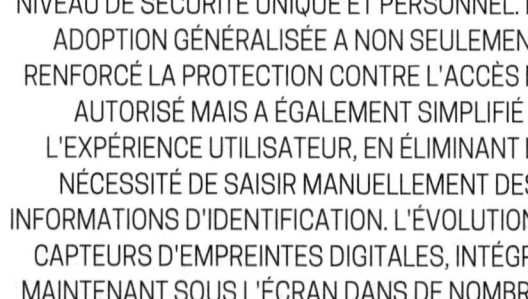

83

VOSTOK 1

LE 12 AVRIL 1961, LE MONDE ASSISTAIT À UN MOMENT HISTORIQUE AVEC LE LANCEMENT DE VOSTOK 1, LE PREMIER VOL SPATIAL HABITÉ, EMMENANT LE COSMONAUTE SOVIÉTIQUE YOURI GAGARINE EN ORBITE AUTOUR DE LA TERRE. CETTE PROUESSE EXTRAORDINAIRE A ÉTÉ RENDUE POSSIBLE GRÂCE À D'IMPORTANTES AVANCÉES EN ÉLECTRONIQUE SPATIALE, PERMETTANT DE DÉVELOPPER DES SYSTÈMES DE NAVIGATION, DE COMMUNICATION ET DE SURVIE CAPABLES DE FONCTIONNER DANS L'ENVIRONNEMENT EXTRÊME DE L'ESPACE. LES TECHNOLOGIES DÉVELOPPÉES POUR VOSTOK 1 ET LES MISSIONS SUIVANTES ONT JETÉ LES BASES DE L'EXPLORATION SPATIALE, OUVRANT LA VOIE À DES MISSIONS PLUS AMBITIEUSES, Y COMPRIS LES ALUNISSAGES ET LES STATIONS SPATIALES. LE SUCCÈS DE VOSTOK 1 A NON SEULEMENT MARQUÉ LE DÉBUT DE L'ÈRE SPATIALE MAIS A ÉGALEMENT SYMBOLISÉ LE POTENTIEL DE L'HUMANITÉ À SURMONTER DES DÉFIS TECHNOLOGIQUES CONSIDÉRABLES POUR EXPLORER DE NOUVEAUX HORIZONS.

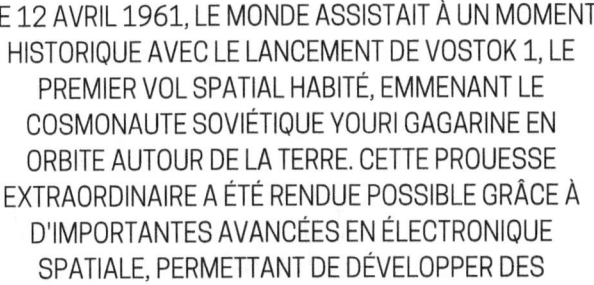

84

QUANTUM DOT

LA TECHNOLOGIE DES ÉCRANS QUANTUM DOT A RÉVOLUTIONNÉ LE MONDE DE L'AFFICHAGE EN OFFRANT DES COULEURS PLUS VIVES ET UNE MEILLEURE EFFICACITÉ ÉNERGÉTIQUE PAR RAPPORT AUX ÉCRANS TRADITIONNELS LCD ET LED. LES POINTS QUANTIQUES SONT DE MINUSCULES PARTICULES SEMI-CONDUCTRICES QUI ÉMETTENT DES COULEURS LUMINEUSES ET PURES LORSQU'ELLES SONT EXPOSÉES À LA LUMIÈRE. CETTE PROPRIÉTÉ UNIQUE PERMET AUX ÉCRANS QUANTUM DOT DE PRODUIRE UNE GAMME DE COULEURS PLUS LARGE ET PLUS PRÉCISE, AMÉLIORANT AINSI L'EXPÉRIENCE VISUELLE POUR LE VISIONNAGE DE FILMS, DE JEUX VIDÉO ET D'AUTRES CONTENUS MULTIMÉDIAS. EN OUTRE, CES ÉCRANS PEUVENT FONCTIONNER À UNE LUMINOSITÉ PLUS FAIBLE TOUT EN CONSERVANT UNE QUALITÉ D'IMAGE EXCEPTIONNELLE, CE QUI SE TRADUIT PAR UNE CONSOMMATION D'ÉNERGIE RÉDUITE. LE DÉVELOPPEMENT DE CETTE TECHNOLOGIE SOULIGNE LES PROGRÈS CONTINUS DANS LA RECHERCHE D'AFFICHAGES DE HAUTE QUALITÉ, ÉCOÉNERGÉTIQUES ET OFFRANT UNE FIDÉLITÉ DE COULEUR INÉGALÉE POUR LES CONSOMMATEURS ET LES PROFESSIONNELS.

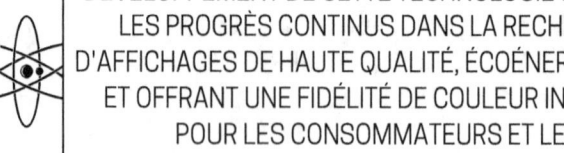

85

ROOMBA

LANCÉ EN 2002 PAR IROBOT, LE ROOMBA A MARQUÉ LE DÉBUT D'UNE NOUVELLE ÈRE DANS LE DOMAINE DU NETTOYAGE DOMESTIQUE EN INTRODUISANT LE PREMIER ROBOT ASPIRATEUR GRAND PUBLIC. ÉQUIPÉ DE TECHNOLOGIES ÉLECTRONIQUES AVANCÉES POUR LA NAVIGATION, LE ROOMBA PEUT SE DÉPLACER DE MANIÈRE AUTONOME À TRAVERS LES PIÈCES, ÉVITANT LES OBSTACLES ET S'ADAPTANT AUX DIFFÉRENTS TYPES DE SOLS POUR UN NETTOYAGE EFFICACE. SA CAPACITÉ À SE RECHARGER AUTOMATIQUEMENT ET À ÊTRE PROGRAMMÉ POUR DES CYCLES DE NETTOYAGE À DES MOMENTS SPÉCIFIQUES OFFRE UNE COMMODITÉ EXCEPTIONNELLE, RÉDUISANT L'EFFORT MANUEL NÉCESSAIRE À L'ENTRETIEN DU SOL. DEPUIS SON LANCEMENT, LE ROOMBA A ÉVOLUÉ AVEC DES FONCTIONNALITÉS PLUS SOPHISTIQUÉES, COMME LA CARTOGRAPHIE DES ESPACES DE VIE, LA DÉTECTION DE SALETÉ CONCENTRÉE ET L'INTÉGRATION AVEC LES ASSISTANTS VOCAUX INTELLIGENTS, CONSOLIDANT SA POSITION EN TANT QUE PIONNIER DANS LE MARCHÉ CROISSANT DES APPAREILS DOMESTIQUES INTELLIGENTS.

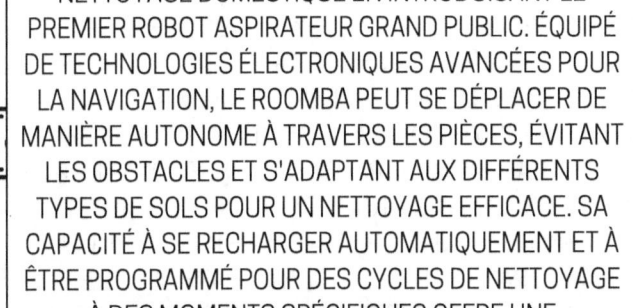

86

FIBRE OPTIQUE

LA TECHNOLOGIE DE LA FIBRE OPTIQUE, QUI UTILISE DES FILS DE VERRE OU DE PLASTIQUE EXTRÊMEMENT FINS POUR TRANSMETTRE DES DONNÉES SOUS FORME DE SIGNAUX LUMINEUX, A RADICALEMENT TRANSFORMÉ LES RÉSEAUX DE TÉLÉCOMMUNICATIONS. DEPUIS SON INTRODUCTION, ELLE A PERMIS UNE AUGMENTATION EXPONENTIELLE DE LA CAPACITÉ DE TRANSMISSION DE DONNÉES SUR DE LONGUES DISTANCES, AVEC UNE DÉGRADATION MINIMALE DU SIGNAL. LA FAIBLE LATENCE ET LA BANDE PASSANTE ÉLEVÉE DE LA FIBRE OPTIQUE ONT FACILITÉ LE DÉVELOPPEMENT D'INTERNET HAUT DÉBIT, DE LA TÉLÉVISION PAR CÂBLE ET DES SERVICES DE TÉLÉCOMMUNICATION, SOUTENANT L'EXPANSION DES RÉSEAUX MONDIAUX DE COMMUNICATION ET D'INFORMATION. EN OUTRE, LA FIBRE OPTIQUE EST MOINS SUSCEPTIBLE AUX INTERFÉRENCES ÉLECTROMAGNÉTIQUES, OFFRANT AINSI UNE CONNEXION PLUS STABLE ET SÉCURISÉE. SON RÔLE DANS L'ESSOR DES INFRASTRUCTURES NUMÉRIQUES MODERNES EST INESTIMABLE, PERMETTANT UNE CONNECTIVITÉ GLOBALE RAPIDE ET FIABLE QUI SOUTIENT L'ÉCONOMIE NUMÉRIQUE, LES SERVICES CLOUD, ET LE STREAMING DE CONTENU MULTIMÉDIA.

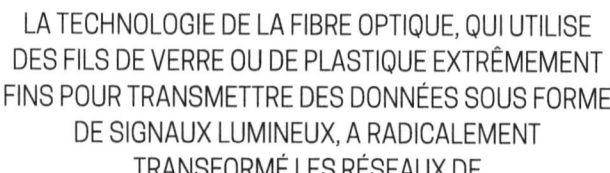

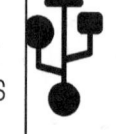

87

TRANSISTOR RADIO

L'INTRODUCTION DU TRANSISTOR RADIO DANS LES ANNÉES 1950 A MARQUÉ UNE RÉVOLUTION DANS LA MANIÈRE DONT LES GENS ÉCOUTAIENT LA MUSIQUE ET ACCÉDAIENT À L'INFORMATION. AVANT L'AVÈNEMENT DU TRANSISTOR RADIO, LES RÉCEPTEURS RADIO ÉTAIENT GÉNÉRALEMENT DES APPAREILS VOLUMINEUX ET FIXES, LIMITANT L'ÉCOUTE À L'INTÉRIEUR DU FOYER. LE TRANSISTOR RADIO, PETIT ET LÉGER GRÂCE À L'UTILISATION DE TRANSISTORS AU LIEU DE TUBES À VIDE, A RENDU LA RADIO PORTABLE, PERMETTANT AUX GENS D'EMMENER LEUR MUSIQUE ET LEURS PROGRAMMES PRÉFÉRÉS PARTOUT AVEC EUX. CETTE INNOVATION A NON SEULEMENT TRANSFORMÉ L'EXPÉRIENCE D'ÉCOUTE INDIVIDUELLE MAIS A ÉGALEMENT EU UN IMPACT CULTUREL SIGNIFICATIF, EN FACILITANT LA DIFFUSION DE LA MUSIQUE POPULAIRE ET EN CONTRIBUANT À L'ÉMERGENCE DE NOUVELLES TENDANCES MUSICALES. LE TRANSISTOR RADIO EST DEVENU UN SYMBOLE DE LIBERTÉ ET DE JEUNESSE, POSANT LES BASES DE L'ÉVOLUTION FUTURE DES APPAREILS ÉLECTRONIQUES PORTABLES ET DE L'ÈRE DE LA MOBILITÉ DANS LE DIVERTISSEMENT PERSONNEL.

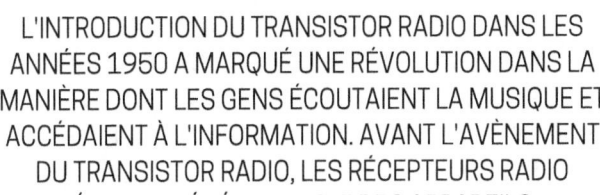
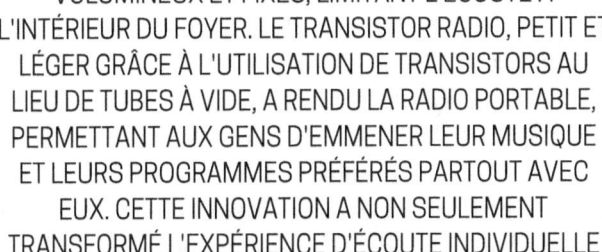

88

ORDINATEURS QUANTIQUES

L'ÉMERGENCE DES ORDINATEURS QUANTIQUES, EXPLOITANT LES PRINCIPES DE LA MÉCANIQUE QUANTIQUE, TELS QUE LA SUPERPOSITION ET L'INTRICATION, MARQUE UNE AVANCÉE POTENTIELLE RÉVOLUTIONNAIRE EN INFORMATIQUE. À LA DIFFÉRENCE DES ORDINATEURS CLASSIQUES QUI UTILISENT DES BITS COMME UNITÉ D'INFORMATION (REPRÉSENTANT 0 OU 1), LES ORDINATEURS QUANTIQUES UTILISENT DES QUBITS, QUI PEUVENT REPRÉSENTER UN 0, UN 1, OU LES DEUX SIMULTANÉMENT. CETTE CAPACITÉ PERMET AUX ORDINATEURS QUANTIQUES DE TRAITER DES QUANTITÉS MASSIVES D'INFORMATIONS À UNE VITESSE CONSIDÉRABLEMENT PLUS ÉLEVÉE QUE LES MEILLEURS SUPERORDINATEURS ACTUELS, POUR CERTAINES TÂCHES SPÉCIFIQUES. BIEN QUE LA TECHNOLOGIE EN SOIT ENCORE À SES PREMIERS STADES DE DÉVELOPPEMENT, AVEC DES DÉFIS MAJEURS À SURMONTER, SES APPLICATIONS POTENTIELLES DANS LE DÉCRYPTAGE, LA RECHERCHE DE NOUVEAUX MATÉRIAUX ET MÉDICAMENTS, ET LA RÉSOLUTION DE PROBLÈMES COMPLEXES EN PHYSIQUE ET EN FINANCE, ENTRE AUTRES, POURRAIENT RADICALEMENT CHANGER NOTRE APPROCHE DE LA RÉSOLUTION DE PROBLÈMES ET L'ANALYSE DE DONNÉES.

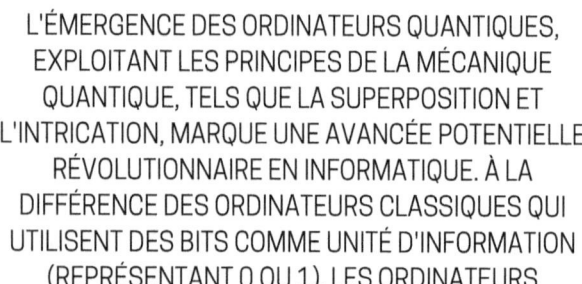

89

VÉHICULES AUTONOMES

LES VÉHICULES AUTONOMES, ÉQUIPÉS DE TECHNOLOGIES ÉLECTRONIQUES AVANCÉES POUR LA NAVIGATION ET LE CONTRÔLE, REPRÉSENTENT UNE DES AVANCÉES LES PLUS SIGNIFICATIVES EN MATIÈRE DE TRANSPORT, AVEC UN DÉVELOPPEMENT ACTIF DEPUIS LES ANNÉES 1980. CES VÉHICULES UTILISENT UNE COMBINAISON DE CAPTEURS, DE CAMÉRAS, DE RADARS, ET D'INTELLIGENCE ARTIFICIELLE POUR INTERPRÉTER LES DONNÉES SENSORIELLES, PERMETTANT LA NAVIGATION SANS INTERVENTION HUMAINE. LE BUT EST D'AMÉLIORER LA SÉCURITÉ ROUTIÈRE, D'AUGMENTER L'EFFICACITÉ DU TRAFIC, ET DE RÉDUIRE LES ÉMISSIONS DE GAZ À EFFET DE SERRE. MALGRÉ LES DÉFIS TECHNIQUES ET RÉGLEMENTAIRES RESTANTS, LES PROGRÈS CONTINUS SIGNALENT UNE FUTURE INTÉGRATION DES VÉHICULES AUTONOMES DANS LA VIE QUOTIDIENNE, PROMETTANT DE TRANSFORMER NOS MODES DE TRANSPORT, DE RÉDUIRE LES COÛTS LIÉS AUX ACCIDENTS DE LA ROUTE, ET D'OFFRIR UNE NOUVELLE MOBILITÉ AUX PERSONNES INCAPABLES DE CONDUIRE.

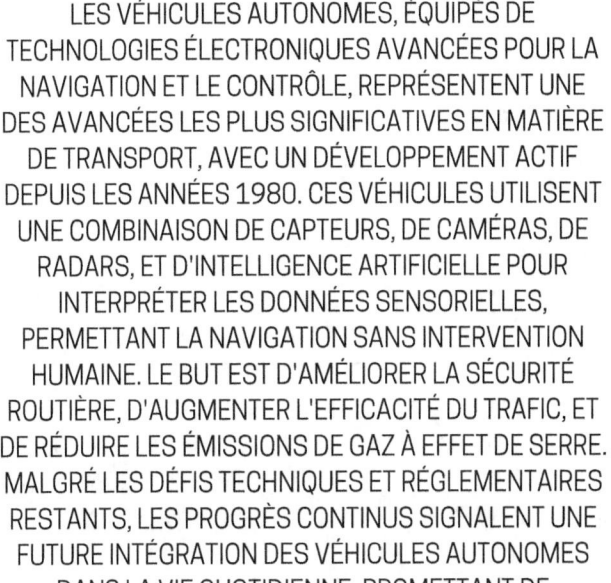

WEARABLE TECH

L'INTÉGRATION DE L'ÉLECTRONIQUE DANS LES VÊTEMENTS ET ACCESSOIRES, DÉSIGNÉE SOUS LE TERME DE TECHNOLOGIE PORTABLE (WEARABLE TECHNOLOGY), A TRANSFORMÉ NOTRE MANIÈRE D'INTERAGIR AVEC LA TECHNOLOGIE ET DE SURVEILLER NOTRE SANTÉ. CES DISPOSITIFS, ALLANT DES MONTRES INTELLIGENTES ET BRACELETS DE FITNESS AUX VÊTEMENTS CONNECTÉS, COLLECTENT DES DONNÉES EN TEMPS RÉEL SUR NOTRE ACTIVITÉ PHYSIQUE, NOTRE SOMMEIL, NOTRE FRÉQUENCE CARDIAQUE, ET PLUS ENCORE, OFFRANT DES INSIGHTS PRÉCIEUX SUR NOTRE ÉTAT DE SANTÉ GÉNÉRAL. EN PLUS DU SUIVI DE LA SANTÉ, LA TECHNOLOGIE PORTABLE FACILITE L'ACCÈS À DES NOTIFICATIONS, DES APPELS, ET DES INFORMATIONS SANS NÉCESSITER D'INTERAGIR DIRECTEMENT AVEC UN SMARTPHONE. LA POPULARITÉ CROISSANTE DE CES GADGETS TÉMOIGNE DE LEUR POTENTIEL À AMÉLIORER LE BIEN-ÊTRE PERSONNEL, À ENCOURAGER UN MODE DE VIE ACTIF ET SAIN, ET À INTÉGRER DE MANIÈRE TRANSPARENTE LA TECHNOLOGIE DANS NOTRE QUOTIDIEN, MARQUANT UNE ÉVOLUTION VERS UNE SOCIÉTÉ TOUJOURS PLUS CONNECTÉE.

91

ULTRASON MÉDICAL

L'INTRODUCTION DES ULTRASONS EN MÉDECINE DANS LES ANNÉES 1940 A MARQUÉ UNE AVANCÉE MAJEURE DANS LE DIAGNOSTIC ET LE TRAITEMENT DES PATIENTS. CETTE TECHNOLOGIE UTILISE DES ONDES SONORES DE HAUTE FRÉQUENCE POUR CRÉER DES IMAGES DES ORGANES INTERNES DU CORPS, PERMETTANT AINSI AUX MÉDECINS D'OBSERVER DES STRUCTURES CORPORELLES SANS RECOURIR À DES PROCÉDURES INVASIVES. L'ÉCHOGRAPHIE, COMME ON L'APPELLE COMMUNÉMENT, EST DEVENUE UN OUTIL DIAGNOSTIQUE INDISPENSABLE DANS DE NOMBREUX DOMAINES DE LA MÉDECINE, Y COMPRIS L'OBSTÉTRIQUE, LA CARDIOLOGIE ET LA RADIOLOGIE. SA CAPACITÉ À FOURNIR DES IMAGES EN TEMPS RÉEL AIDE LES MÉDECINS À POSER DES DIAGNOSTICS PLUS PRÉCIS, À SUIVRE LE DÉVELOPPEMENT DU FŒTUS PENDANT LA GROSSESSE, ET À GUIDER DES PROCÉDURES CHIRURGICALES ET DES BIOPSIES. L'ÉVOLUTION CONTINUE DE LA TECHNOLOGIE ULTRASONIQUE, INCLUANT L'AMÉLIORATION DE LA QUALITÉ D'IMAGE ET LE DÉVELOPPEMENT D'APPLICATIONS SPÉCIALISÉES, CONTINUE DE RÉVOLUTIONNER LE SOIN DES PATIENTS ET LE DIAGNOSTIC MÉDICAL.

JEUX EN RÉSEAU

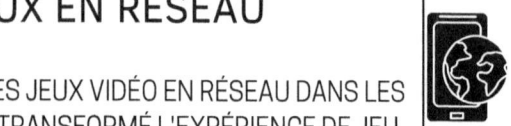

L'ÉMERGENCE DES JEUX VIDÉO EN RÉSEAU DANS LES ANNÉES 1990 A TRANSFORMÉ L'EXPÉRIENCE DE JEU, PERMETTANT AUX JOUEURS DE SE CONNECTER ET DE CONCOURIR AVEC D'AUTRES À TRAVERS LE MONDE. CETTE RÉVOLUTION A ÉTÉ RENDUE POSSIBLE PAR LES PROGRÈS SIGNIFICATIFS DANS LES TECHNOLOGIES DE RÉSEAU ET L'ACCESSIBILITÉ CROISSANTE D'INTERNET AU GRAND PUBLIC. LES JEUX MULTIJOUEURS EN LIGNE, DES PREMIÈRES ARÈNES DE COMBAT MULTI-UTILISATEURS (MUD) AUX JEUX MASSIVEMENT MULTIJOUEURS EN LIGNE (MMO), ONT CRÉÉ DES COMMUNAUTÉS VIRTUELLES OÙ LES INTERACTIONS SOCIALES JOUENT UN RÔLE CENTRAL. LA POPULARITÉ DES JEUX EN RÉSEAU A STIMULÉ L'INNOVATION DANS LE DÉVELOPPEMENT DES JEUX, L'INFRASTRUCTURE RÉSEAU ET LES PLATEFORMES DE JEU, CONTRIBUANT À L'ÉVOLUTION RAPIDE DE L'INDUSTRIE DU JEU VIDÉO. AUJOURD'HUI, LE JEU EN RÉSEAU EST UNE COMPOSANTE ESSENTIELLE DE LA CULTURE DU JEU, OFFRANT UNE EXPÉRIENCE IMMERSIVE ET CONNECTÉE À DES MILLIONS DE JOUEURS AUTOUR DU GLOBE.

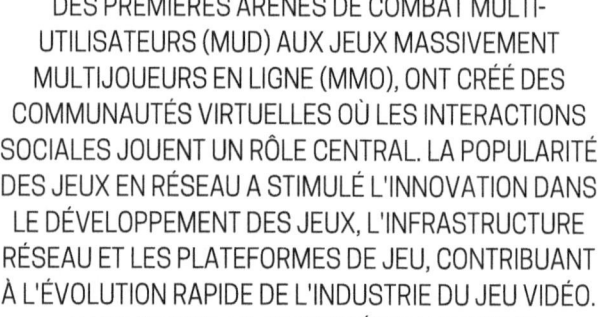

93

CRYPTOMONNAIES

LE LANCEMENT DU BITCOIN EN 2009 A MARQUÉ LE DÉBUT DE L'ÈRE DES CRYPTOMONNAIES, UNE INNOVATION FINANCIÈRE BASÉE SUR DES PRINCIPES ÉLECTRONIQUES COMPLEXES DE CRYPTOGRAPHIE ET DE RÉSEAU. UTILISANT LA TECHNOLOGIE BLOCKCHAIN, LE BITCOIN ET D'AUTRES CRYPTOMONNAIES OPÈRENT SANS UNE AUTORITÉ CENTRALE, OFFRANT UN SYSTÈME DE PAIEMENT DÉCENTRALISÉ ET SÉCURISÉ. LA BLOCKCHAIN ENREGISTRE TOUTES LES TRANSACTIONS DANS UN GRAND LIVRE PUBLIC, GARANTISSANT L'INTÉGRITÉ ET LA TRANSPARENCE DES ÉCHANGES. LA CRYPTOGRAPHIE ASSURE LA SÉCURITÉ DES TRANSACTIONS ET L'ANONYMAT DES UTILISATEURS. L'IMPACT DES CRYPTOMONNAIES S'ÉTEND AU-DELÀ DES TRANSACTIONS FINANCIÈRES, REMETTANT EN QUESTION LES SYSTÈMES MONÉTAIRES TRADITIONNELS ET INSPIRANT LE DÉVELOPPEMENT DE NOUVELLES APPLICATIONS DÉCENTRALISÉES. MALGRÉ LES DÉBATS SUR LEUR VOLATILITÉ, LEUR IMPACT ENVIRONNEMENTAL ET LEUR RÉGULATION, LES CRYPTOMONNAIES CONTINUENT D'EXPLORER LE POTENTIEL DE LA TECHNOLOGIE BLOCKCHAIN POUR TRANSFORMER DIVERS SECTEURS, Y COMPRIS LA FINANCE, LA LOGISTIQUE ET LES DROITS NUMÉRIQUES.

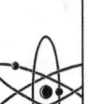
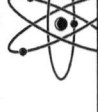

94

ÉCRANS TACTILES

L'INTRODUCTION COMMERCIALE DES ÉCRANS TACTILES DANS LES ANNÉES 1980 A RÉVOLUTIONNÉ LA MANIÈRE DONT LES UTILISATEURS INTERAGISSENT AVEC LES DISPOSITIFS ÉLECTRONIQUES. CETTE TECHNOLOGIE PERMET AUX UTILISATEURS DE CONTRÔLER UN APPAREIL EN TOUCHANT SIMPLEMENT DES ICÔNES OU DES LETTRES SUR UN ÉCRAN, OFFRANT UNE INTERFACE PLUS INTUITIVE ET DIRECTE QUE LES MÉTHODES DE SAISIE TRADITIONNELLES TELLES QUE LES CLAVIERS ET LES SOURIS. LES PREMIÈRES APPLICATIONS DES ÉCRANS TACTILES COMPRENAIENT DES BORNES D'INFORMATION, DES SYSTÈMES DE POINT DE VENTE ET DES DISPOSITIFS INDUSTRIELS, MAIS LEUR UTILISATION S'EST RAPIDEMENT ÉTENDUE À UNE LARGE GAMME DE PRODUITS, Y COMPRIS DES SMARTPHONES, DES TABLETTES ET DES SYSTÈMES DE NAVIGATION. L'ÉVOLUTION CONTINUE DES TECHNOLOGIES TACTILES, Y COMPRIS L'INTRODUCTION DE LA CAPACITÉ MULTI-TOUCH, A ENCORE AMÉLIORÉ L'EXPÉRIENCE UTILISATEUR, RENDANT LES INTERACTIONS AVEC LES APPAREILS NUMÉRIQUES PLUS FLUIDES ET ENGAGEANTES.

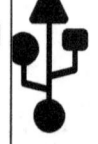

95

SUIVI GPS

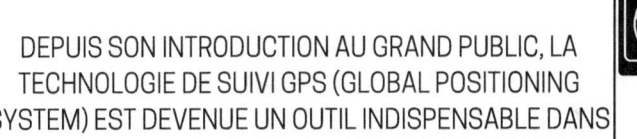

DEPUIS SON INTRODUCTION AU GRAND PUBLIC, LA TECHNOLOGIE DE SUIVI GPS (GLOBAL POSITIONING SYSTEM) EST DEVENUE UN OUTIL INDISPENSABLE DANS DE NOMBREUX DOMAINES, ALLANT DE LA NAVIGATION PERSONNELLE À LA LOGISTIQUE ET À LA GESTION DES FLOTTES DE VÉHICULES. EN FOURNISSANT DES DONNÉES DE LOCALISATION PRÉCISES ET EN TEMPS RÉEL, LE GPS PERMET AUX UTILISATEURS DE NAVIGUER AVEC CONFIANCE, AIDE LES ENTREPRISES À SUIVRE ET À GÉRER EFFICACEMENT LEURS RESSOURCES, ET SOUTIENT LES SERVICES D'URGENCE DANS LA LOCALISATION RAPIDE DES PERSONNES EN BESOIN. LA CAPACITÉ DU GPS À AMÉLIORER LA PRODUCTIVITÉ ET L'EFFICACITÉ OPÉRATIONNELLE DANS LA LOGISTIQUE A RÉVOLUTIONNÉ LA CHAÎNE D'APPROVISIONNEMENT, PERMETTANT UNE PLANIFICATION D'ITINÉRAIRE OPTIMISÉE, UNE SURVEILLANCE DES BIENS ET UNE RÉDUCTION DES COÛTS. AVEC L'INTÉGRATION DU GPS DANS LES SMARTPHONES ET AUTRES APPAREILS MOBILES, LA TECHNOLOGIE DE SUIVI A ÉGALEMENT ENRICHI LES APPLICATIONS DE FITNESS, LES JEUX BASÉS SUR LA LOCALISATION ET LES SERVICES DE COVOITURAGE, TÉMOIGNANT DE SON IMPACT PROFOND SUR NOTRE VIE QUOTIDIENNE ET PROFESSIONNELLE.

96

INTERNET SATELLITE

LES EXPÉRIMENTATIONS AVEC L'INTERNET PAR SATELLITE DANS LES ANNÉES 1990 ONT POSÉ LES BASES POUR FOURNIR UNE CONNECTIVITÉ INTERNET À HAUT DÉBIT DANS LES RÉGIONS ÉLOIGNÉES ET MAL DESSERVIES PAR LES INFRASTRUCTURES TERRESTRES TRADITIONNELLES. EN UTILISANT DES SATELLITES EN ORBITE POUR TRANSMETTRE DES DONNÉES ENTRE LES STATIONS TERRESTRES ET LES UTILISATEURS FINAUX, L'INTERNET PAR SATELLITE A PERMIS D'ÉTENDRE L'ACCÈS À INTERNET BIEN AU-DELÀ DES LIMITES DES RÉSEAUX CÂBLÉS ET CELLULAIRES. BIEN QUE LES PREMIÈRES IMPLÉMENTATIONS AIENT ÉTÉ LIMITÉES PAR DES VITESSES PLUS FAIBLES ET UNE LATENCE PLUS ÉLEVÉE PAR RAPPORT AUX CONNEXIONS TERRESTRES, LES AVANCÉES TECHNOLOGIQUES ONT CONSIDÉRABLEMENT AMÉLIORÉ LA PERFORMANCE, LA FIABILITÉ ET L'ACCESSIBILITÉ DE L'INTERNET PAR SATELLITE. AUJOURD'HUI, AVEC LE LANCEMENT DE CONSTELLATIONS DE SATELLITES EN ORBITE BASSE (LEO) PAR DES ENTREPRISES COMME SPACEX, L'AMBITION D'OFFRIR UNE COUVERTURE INTERNET GLOBALE ET À HAUT DÉBIT DEVIENT DE PLUS EN PLUS UNE RÉALITÉ, PROMETTANT DE COMBLER LE FOSSÉ NUMÉRIQUE ET D'AMÉLIORER LA CONNECTIVITÉ MONDIALE.

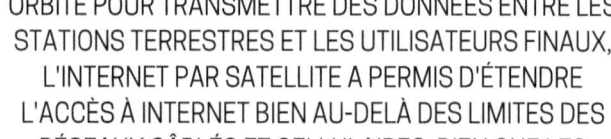

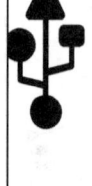
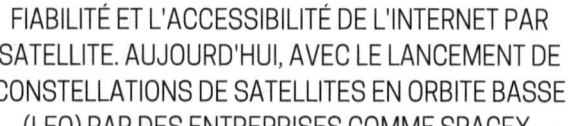

CAPTEURS AIR

L'UTILISATION DE CAPTEURS ÉLECTRONIQUES POUR SURVEILLER LA QUALITÉ DE L'AIR REPRÉSENTE UNE AVANCÉE SIGNIFICATIVE DANS LES EFFORTS DE PROTECTION ENVIRONNEMENTALE. CES CAPTEURS PEUVENT DÉTECTER UNE GAMME DE POLLUANTS ATMOSPHÉRIQUES, TELS QUE LES PARTICULES FINES (PM2.5 ET PM10), LE DIOXYDE DE CARBONE, LE MONOXYDE DE CARBONE, L'OZONE, ET LES COMPOSÉS ORGANIQUES VOLATILS, OFFRANT AINSI DES DONNÉES PRÉCIEUSES SUR LA SANTÉ DE NOTRE ENVIRONNEMENT. LEUR INTÉGRATION DANS DES RÉSEAUX DE SURVEILLANCE À L'ÉCHELLE DE LA VILLE OU MÊME DES DISPOSITIFS PORTABLES PERMET DE COLLECTER DES INFORMATIONS EN TEMPS RÉEL SUR LA QUALITÉ DE L'AIR, CONTRIBUANT À SENSIBILISER LE PUBLIC AUX PROBLÈMES DE POLLUTION. CES DONNÉES SONT CRUCIALES POUR LES DÉCIDEURS ET LES ORGANISMES DE RÉGLEMENTATION DANS L'ÉLABORATION DE STRATÉGIES VISANT À RÉDUIRE LA POLLUTION DE L'AIR ET À PROTÉGER LA SANTÉ PUBLIQUE. EN OUTRE, LES INDIVIDUS PEUVENT UTILISER CES INFORMATIONS POUR PRENDRE DES DÉCISIONS ÉCLAIRÉES CONCERNANT LEURS ACTIVITÉS QUOTIDIENNES, EN PARTICULIER DANS LES ZONES URBAINES DENSÉMENT PEUPLÉES OÙ LA QUALITÉ DE L'AIR EST SOUVENT UN SUJET DE PRÉOCCUPATION.

98

EMPREINTE VOCALE

DÉVELOPPÉE DANS LES ANNÉES 2000, LA TECHNOLOGIE D'IDENTIFICATION PAR EMPREINTE VOCALE A APPORTÉ UNE NOUVELLE DIMENSION À LA SÉCURITÉ ET À L'AUTHENTIFICATION PERSONNELLE. CETTE MÉTHODE UTILISE LES CARACTÉRISTIQUES UNIQUES DE LA VOIX D'UNE PERSONNE POUR VÉRIFIER SON IDENTITÉ, OFFRANT AINSI UNE FORME D'AUTHENTIFICATION BIOMÉTRIQUE PRATIQUE ET NON INTRUSIVE. LA RECONNAISSANCE VOCALE PEUT ANALYSER DIVERS ASPECTS DE LA VOIX, TELS QUE LA TONALITÉ, LE TIMBRE, ET LE RYTHME, RENDANT EXTRÊMEMENT DIFFICILE LA FALSIFICATION OU L'IMITATION DE L'IDENTITÉ VOCALE D'UN INDIVIDU. L'IDENTIFICATION PAR EMPREINTE VOCALE TROUVE DES APPLICATIONS DANS UNE MULTITUDE DE DOMAINES, DE L'ACCÈS SÉCURISÉ AUX APPAREILS ET AUX COMPTES EN LIGNE À LA VÉRIFICATION DE L'IDENTITÉ DANS LES TRANSACTIONS FINANCIÈRES ET LES APPELS AU SERVICE CLIENT. SON INTÉGRATION DANS LES SMARTPHONES, LES ENCEINTES INTELLIGENTES, ET LES SYSTÈMES DE SÉCURITÉ DOMESTIQUE SOULIGNE L'IMPORTANCE CROISSANTE DE LA BIOMÉTRIE VOCALE DANS L'AMÉLIORATION DE LA SÉCURITÉ ET LA FACILITATION DES INTERACTIONS NUMÉRIQUES, TOUT EN PRÉSENTANT DES DÉFIS EN MATIÈRE DE RESPECT DE LA VIE PRIVÉE ET DE PROTECTION DES DONNÉES PERSONNELLES.

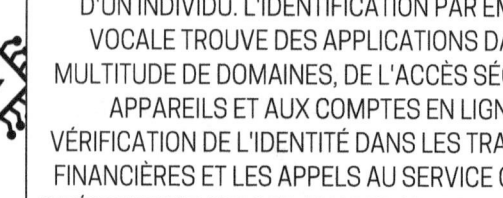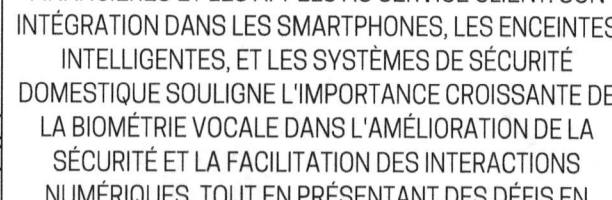

99

PROTHÈSES ÉLECTRONIQUES

DEPUIS LES ANNÉES 1960, L'INTÉGRATION DE L'ÉLECTRONIQUE DANS LES PROTHÈSES A MARQUÉ UNE RÉVOLUTION DANS LE DOMAINE DES AIDES AUX PERSONNES HANDICAPÉES, AMÉLIORANT CONSIDÉRABLEMENT LEUR QUALITÉ DE VIE. LES PROTHÈSES ÉLECTRONIQUES, OU PROTHÈSES MYOÉLECTRIQUES, UTILISENT LES SIGNAUX ÉLECTRIQUES GÉNÉRÉS PAR LES MUSCLES RESTANTS DANS LE MEMBRE AMPUTÉ POUR CONTRÔLER LES MOUVEMENTS DE LA PROTHÈSE. CETTE TECHNOLOGIE A PERMIS DE DÉVELOPPER DES PROTHÈSES PLUS FONCTIONNELLES ET NATURELLES, OFFRANT AUX UTILISATEURS UN DEGRÉ DE CONTRÔLE ET UNE AUTONOMIE ACCRUS. LES AVANCÉES DANS CE DOMAINE ONT CONDUIT À LA CRÉATION DE MEMBRES ARTIFICIELS DOTÉS DE CAPTEURS SOPHISTIQUÉS, DE MOTEURS ET DE MICROPROCESSEURS, CAPABLES DE SIMULER LES FONCTIONS NATURELLES DES MAINS, DES BRAS ET DES JAMBES. CES PROGRÈS ONT NON SEULEMENT AMÉLIORÉ LES CAPACITÉS PHYSIQUES DES PERSONNES HANDICAPÉES MAIS ONT ÉGALEMENT EU UN IMPACT POSITIF SUR LEUR BIEN-ÊTRE ÉMOTIONNEL ET LEUR INTÉGRATION SOCIALE.

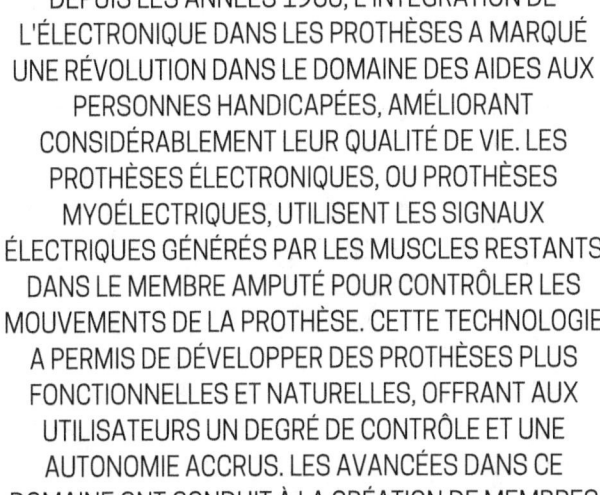

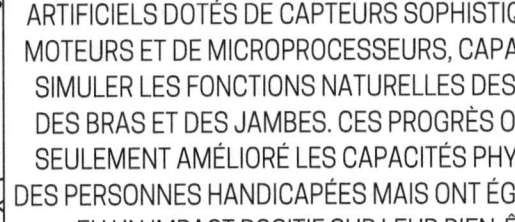

100

IA AUTONOME

L'INTÉGRATION DE L'INTELLIGENCE ARTIFICIELLE (IA) EMBARQUÉE DANS LES DISPOSITIFS ÉLECTRONIQUES REPRÉSENTE L'UNE DES AVANCÉES LES PLUS SIGNIFICATIVES DANS LA TECHNOLOGIE MODERNE. CETTE INNOVATION PERMET AUX APPAREILS, DES SMARTPHONES AUX ÉLECTROMÉNAGERS ET AU-DELÀ, DE RÉALISER DES TÂCHES COMPLEXES DE MANIÈRE AUTONOME, EN S'ADAPTANT ET EN APPRENANT DE LEURS INTERACTIONS AVEC LES UTILISATEURS ET LEUR ENVIRONNEMENT. GRÂCE À L'IA EMBARQUÉE, LES DISPOSITIFS PEUVENT OFFRIR DES EXPÉRIENCES PERSONNALISÉES, OPTIMISER LEUR PERFORMANCE ET LEUR EFFICACITÉ, ET MÊME PRENDRE DES DÉCISIONS EN TEMPS RÉEL SANS NÉCESSITER UNE CONNEXION CONSTANTE AU CLOUD. CETTE AUTONOMIE OUVRE DE NOUVELLES POSSIBILITÉS POUR DES APPLICATIONS ALLANT DE LA RECONNAISSANCE VOCALE ET D'IMAGE À LA NAVIGATION AUTONOME ET LA GESTION INTELLIGENTE DE LA MAISON. L'IA EMBARQUÉE JOUE UN RÔLE CLÉ DANS LA TRANSITION VERS UN MONDE OÙ LES DISPOSITIFS INTELLIGENTS PEUVENT AGIR COMME DE VÉRITABLES ASSISTANTS PERSONNELS, AMÉLIORANT LA COMMODITÉ, LA SÉCURITÉ ET L'EFFICACITÉ DE NOTRE VIE QUOTIDIENNE.

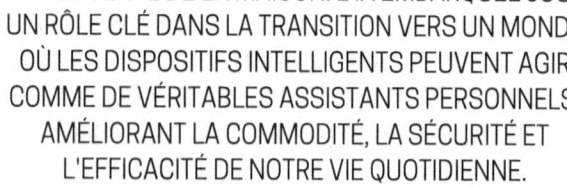